Vous découvrirez dans ce liv
parler et comment il le fera.
nouveau pour vous, cela po
spirituelle et vous condui ... au niveau
d'intimité avec le Créateur de l'univers.
Un message à lire, à méditer et à mettre en pratique !
Bonne lecture !

Daniel Schearer,
ancien directeur de Jeunesse en Mission, France

Merci, ce livre a transformé mon esprit. J'ai pris conscience d'une manière profonde de l'amour de Dieu pour moi, de la relation qu'Il désire avec moi, et du but qu'Il a pour ma vie ! J'adore lire ! Et ce livre est un livre unique, différent de tous les autres, drôle, profond, intéressant, émouvant, mais surtout il explore l'évangile avec simplicité.
Dieu veut que nous ayons une conversation simple avec lui, une conversation simple et pleine d'amour. Ce livre m'invite à entamer une nouvelle conversation avec un père merveilleux'.

Vivi Disette,
Restaurateur, Briançon

FAIS une PAUSE et ECOUTE est un guide précieux et pratique pour tous ceux qui cherchent à vivre une vie pour Jésus. A travers un regard neuf sur l'évangile de Jean et quelques histoires simples, James montre comment l'écoute de Dieu dans notre marche quotidienne est à la fois possible et promise.
La France en a besoin.

Josh Studer,
Missionnaire pionnier, France.

James Hodson fait partie de ces rares personnes qui allient une passion pour Dieu à de grandes capacités de communication. Il a le cœur d'un pasteur, des idées à la fois prophétiques et évangéliques, combinées à une manière originale de donner vie à des histoires familières.

Il existe de nombreux commentaires sur le Nouveau Testament, mais FAIS une PAUSE et ECOUTE va au-delà de l'approche académique et théologique de la lecture des évangiles. Bien que la théologie soit solide et que James Hodson soit à l'aise dans le monde universitaire, il s'agit d'une approche rafraîchissante, lisible et stimulante de récits familiers.

Les mots-clés de ce livre sont accessibilité et pertinence. Grâce à une profonde compréhension de la nature humaine, l'auteur est en mesure de nous placer dans le contexte du ministère de Jésus sur terre. Les rencontres personnelles décrites attirent le lecteur, de telle sorte qu'il a le sentiment de s'identifier à chaque situation telle qu'elle se présente. Richement illustré par son propre milieu familial dynamique, sa carrière professionnelle, sa formation universitaire et son expérience de dirigeant d'église, James Hodson a produit un livre qui constituera une contribution enrichissante aux dévotions personnelles et un guide d'étude pour les groupes de discussion. Il peut également être distribué aux non-croyants. Je recommande vivement FAIS une PAUSE et ECOUTE.

Dave Fellingham,
responsable d'église, auteur, animateur de culte, auteur de chansons.

Connaissant James depuis plus de trente ans, j'apprécie ses encouragements et son expérience. Dans notre monde frénétique, il n'y a pas de meilleur conseil que son exhortation à s'arrêter et à écouter notre créateur. La plupart d'entre nous ont bien trop tendance à réagir et à parler avant de faire l'une ou l'autre de ces choses. S'inspirant de son propre pèlerinage avec Jésus, James montre comment s'arrêter, se pencher et écouter ce que le Saint-Esprit nous dit.
Il nous guide à travers l'évangile de Jean, chapitre par chapitre, avec des aperçus éclairants et des conseils sur la façon d'écouter le Saint-Esprit. Il donne des conseils pratiques pour l'écoute de cette petite voix tranquille, qui est si souvent étouffée.
L'exhortation de James à rester en phase avec l'Esprit Saint est opportune. Si vous voulez marcher plus étroitement avec Jésus et entendre sa voix plus clairement, vous voudrez vous plonger dans FAIS une PAUSE et ECOUTE.
Jenny Sanders,
auteur de "Spiritual Feasting", écrivain, conférencier, mentor.

A une époque où l'activité est souvent considérée comme une vertu, FAIS une PAUSE et ECOUTE nous encourage à le faire ! Des histoires qui donnent la vie, des idées et des encouragements sur la façon dont nous pouvons faire une pause et mieux entendre Dieu.
Matt Bird,
Fondateur et PDG de NAYBA, Auteur

Le livre de Jean est incroyable et dans ce livre incroyablement pratique et lisible, James l'ouvre à chacun d'entre nous. J'aime les histoires personnelles ainsi que les réflexions, mais j'aime surtout le fait qu'il nous renvoie à la personne la plus merveilleuse qui ait jamais vécu et qui vive, Jésus-Christ.

Peter Brooks,
NSW Département des communautés et de la justice, Pasteur, Sydney, Australie.

FAIS une PAUSE et ECOUTE est une excellente analyse du livre de Jean et j'y vois un excellent outil pour former des disciples. J'aime les histoires personnelles des montagnes et de sa famille. Les chapitres sont très faciles à lire et l'histoire du fils autiste est particulièrement belle. Profitez-en !

Joe Hardy,
auteur-compositeur-interprète, responsable du ministère de la louange New Wine.

FAIS *une* PAUSE *et* ÉCOUTE

Apprendre à parler et à marcher avec Jésus.

PublishU Ltd

www.PublishU.com

Remerciements

Je tiens à remercier ma femme Julie pour ses encouragements affectueux et constants tout au long de ce livre. Je n'aurais pas pu le faire sans toi.

Merci Dominique Macabies pour son formidable travail de traduction, vous avez été d'une aide précieuse.

Je tiens à remercier Matt Bird et les autres auteurs avec lesquels j'ai travaillé. Merci les gars, vous m'avez motivé quand j'en avais besoin.

Table des matières

Préface du livre de James Hodson

J'ai rencontré James et Julie, sa femme, dans un camp d'été de l'église. À l'époque, ils ne parlaient pratiquement pas le français mais on les sentait en parfait accord avec cette vision de l'église de maison et avec l'atmosphère du camp. Ils étaient très drôles l'un et l'autre et mettaient beaucoup de bonne humeur dans le camp.

J'ai découvert plus tard que l'une des spécificités qu'ils appréciaient le plus dans notre équipe, c'est que nous prenions le temps d'écouter le Seigneur...

J'avais moi-même appris à « entendre la voix de Dieu » peu après ma conversion. Au cours d'un camp d'été avec Jeunesse en Mission, je découvris que ces jeunes « recevaient » des révélations, des paroles d'encouragement ou des directions de la part du Seigneur. J'étais perplexe car je ne recevais rien de tel et je faillis rentrer bien frustré à la maison. Et puis, petit à petit, j'ai commencé à réaliser que Dieu voulait me parler à moi aussi, selon la parole de Jésus dans Jean 10 : « Mes brebis entendent ma voix ». Je compris que la plupart des personnages bibliques étaient des gens en relation directe avec le Seigneur : Dieu leur parlait, ils répondaient. Quoi de plus normal pour un enfant que de parler avec son père et pour le père de lui répondre... Cette pratique de l'écoute de Dieu est devenue l'un des facteurs essentiels de ma marche avec Lui.

Comment Dieu peut-il et veut-il nous parler, c'est ce que vous allez découvrir dans ce livre. Si c'est nouveau pour vous, cela pourrait transformer votre vie spirituelle et vous conduire à un tout autre niveau d'intimité avec le Créateur de l'univers.

Un message à lire, à méditer et, surtout, à mettre en pratique !!!

Bonne lecture !

Daniel Schaerer
Ancien directeur de Jeunesse en mission, France

Introduction

J'ai le privilège de travailler avec un groupe de disciples de Jésus issus de toute la France. Nous n'avons rien de spécial, rien qui puisse faire la une des journaux. Pourtant, nous avons trois atouts auxquels je tiens beaucoup.

Premièrement, tous les membres de l'équipe désirent que la nation française soit touchée par la bonne nouvelle de Jésus. Comme l'a dit l'un d'entre eux : « S'il n'y a pas de Français au ciel, qui ouvrira le champagne ? » Deuxièmement, il règne une extraordinaire dose d'amitié, aucun esprit de compétition, rien que de l'amour. Et troisièmement, chaque fois qu'on se retrouve dans une impasse, nous arrêtons de discuter entre nous, pour écouter. Écouter en silence. On s'accorde ensuite à partager ce qu'on vient d'entendre de la part de l'Esprit Saint. Sur cette base, nous essayons alors de trouver le chemin tracé pour nous par Jésus.

Lorsque vous lirez ce livre, je suppose que le premier point s'appliquera à votre situation. Il s'adresse à ceux qui réclament plus pour ce monde. Le trésor que nous détenons est bien trop beau pour être caché. Il est fait pour être partagé. Le dernier commandement de Jésus à son Église lorsqu'il était sur terre, « ... allez et faites de toutes les nations des disciples » (Mt 28 :19), montre à quel point c'est important. Remplacez le mot « nations » par « l'endroit où Dieu vous a placé » et vous comprendrez ainsi toute la force de cette déclaration.

Le deuxième point est essentiel mais étonnamment rare. Ce que nous faisons n'a aucune valeur si ce n'est fondé pas sur l'amour (1 Cor. 13:1-3). L'amour est patient, aimable, il ne garde pas trace des erreurs, il ne se met pas facilement en colère, etc. Lisez la suite de 1 Corinthiens 13 pour vous en souvenir et vous imprégner de la beauté essentielle et vivifiante de ce texte.

Le troisième point au cœur de ce livre, c'est lorsque Jésus dit : « Et moi, je suis avec vous tous les jours jusqu'à la fin du monde » (Matt. 28 :20), il a en tête son projet d'expansion du Royaume.

Le royaume du monde est devenu le royaume de notre Seigneur et de son Messie, et il régnera pour les siècles des siècles. (Dan. 7:27; Apoc. 11:15).

Nous n'avons jamais été censés comprendre cette vie et cette mission par nous-mêmes. Il sera avec nous, nous guidera, nous conduira et nous parlera. Nous devons faire une pause et l'écouter.

Choqué

Il y a quelques années, lors d'une conférence que nous avions organisé à Montgenèvre, j'ai été profondément choqué. Nous avions posé cette question : « Combien de personnes entendent la voix de Dieu dans leur vie ? » Moins de 10 % ont répondu par l'affirmative. « Combien d'entre vous ont déjà entendu Dieu leur parler ? » Encore moins de participants à répondre positivement. La plupart des chrétiens présents n'avaient jamais fait l'expérience de cet élément fondamental de la vie d'un enfant de Dieu.

L'écoute est un art qui se perd facilement. On entend des mots, mais l'écoute réelle c'est bien plus que cela. Je vis en France et suis souvent perplexe de voir comme on se méprend facilement. Dans les jours qui ont suivi notre arrivée ici, nous prenions n'importe quel job pour joindre les deux bouts, et je me rappelle avoir facturé dix euros à une dame pour une petite réparation, très rapide. Elle a compris « zéro » et m'a chaleureusement serré la main pour me remercier de ma gentillesse. Je n'ai pas eu à cœur de la corriger. Elle était trop heureuse que j'aie débouché ses toilettes gratuitement. En fait, elle ne m'avait pas entendu.

Ce qu'il faut savoir

Bien entendre *sa* voix est un élément essentiel pour être *son* disciple.

Cet ouvrage est un bref aperçu de chaque chapitre de l'Évangile de Jean dans la Bible. Il montre que l'écoute et la connexion avec Dieu sont cruciales pour former la famille qu'il a conçue pour nous. S'il y avait un verset central, ce serait Jean 10:27, « mes brebis entendent ma voix ». Sans prétendre apporter un commentaire exhaustif, je souligne ce thème en m'appuyant sur le texte de l'Évangile. Cependant, comme si j'essayais d'expliquer l'ingénierie aérospatiale à un enfant de six ans, je suis tout à fait conscient que ce livre ne donne en aucun cas une explication complète de cette joie étonnante. Comme le dit, avec humour, l'auteur :

Jésus a fait encore beaucoup d'autres choses. Si on les écrivait en détail, je ne pense pas que le monde entier pourrait contenir les livres qu'on écrirait. (Jean 21:25).

Je prie pour que cet évangile révolutionne vos attentes quant à votre manière de marcher avec Jésus et d'entendre sa voix. Comment faire en sorte que vos « 10 euros » ne deviennent pas un malencontreux « zéro ».

Comment en tirer le meilleur parti

Je vous suggère de commencer chaque chapitre du livre par la lecture du chapitre correspondant dans l'évangile de Jean. Cela lui donnera vie et, je l'espère, vous fera retomber amoureux de l'homme qui en est le centre ; et surtout, vous aidera à entendre sa voix.

Ce livre pourra servir à l'étude en groupe et les chapitres peuvent être pris individuellement ou dans leur ensemble.

Dieu a toujours le dernier mot.

Jean Chapitre 1

Je t'ai vu !

Le jeu de cache-cache est l'un des meilleurs qui soient. Il a traversé les générations, les cultures et les continents. Je ne sais pas vraiment pourquoi, mais il semble enchanter les jeunes enfants. Mes propres enfants et petits-enfants ne m'ont jamais demandé d'arrêter d'y jouer, c'est toujours moi qui dis, « D'accord, mais c'est la dernière fois ». Même mon petit-fils, autiste de quatre ans, qui a du mal à s'exprimer, a des étoiles dans les yeux lorsque commence le décompte 1, 2, 3 ..., sur le ton si familier qui est de mise quand nous y jouons. Il lui arrive souvent d'attraper un adulte par la main et de se mettre tout de suite à compter pour l'inciter à jouer avec lui. C'est peut-être parce qu'on aime se cacher ! Vous savez, ce petit moment où l'on est tout seul dans un petit coin douillet et où personne d'autre ne nous voit. Ces quelques secondes avant qu'on entende « Je t'ai vu ! » peuvent être très précieuses et étrangement délicieuses. Nathanaël était tout seul sous un arbre. Jouait-il à cache-cache ? Probablement pas, mais Jésus lui a néanmoins dit : « Je t'ai vu ».

Comme dans beaucoup d'histoires, les détails précis des circonstances et des raisons d'un événement peuvent devenir flous. Pourquoi gâcher une bonne histoire avec des détails factuels, n'est-ce pas ? Cependant, dans ce premier chapitre de Jean, il semble évident que l'auteur s'attaque à quelques-uns des grands débats qui faisaient rage au sein de la famille ecclésiale de son époque. Il est à la fois réconfortant et décourageant de constater que peu de choses ont changé. Notre humanité semble toujours prête à commettre des erreurs, mais, et c'est bien plus important, il n'en va pas de même de la capacité de Dieu à résoudre les problèmes mieux qu'on ne l'aurait jamais imaginé.

Dieu aura toujours le dernier mot dans ce monde.

La Parole

Jean commence ce premier chapitre tambour battant, en déclarant que Jésus est tout. À plusieurs reprises, au fil des chapitres, il répète qu'il n'est pas seulement le Fils de Dieu mais qu'il est pleinement Dieu, depuis le commencement (v.1-3). C'est assez étonnant quand on y pense : le Créateur de l'univers venant partager notre quotidien sous la forme d'un homme.

Rien n'a jamais eu lieu et rien n'aura lieu sans qu'il ne soit au centre de tout. Cependant, le livre commence par une approche un peu étrange à nos yeux de modernes occidentaux : par **la Parole**. Je ne commencerais pas un livre visant à prouver la divinité du Christ en mentionnant *la Parole*. Heureusement, on ne m'a pas demandé mon avis et il s'est avéré que c'était exactement ce dont on avait besoin à l'époque. C'est important pour nous, aujourd'hui aussi.

Avant d'entreprendre quoi que ce soit pour Dieu, nous devons comprendre au plus profond de nous-mêmes qu'il est véritablement le seul à donner la vie et que cette vie dont nous jouissons est le fruit de sa parole. En d'autres termes, il a parlé, et c'est arrivé.

L'histoire commence par le « que la vie soit... » ; elle se poursuit à travers l'Histoire et se poursuivra jusqu'à la fin du monde. Cela inclut toute la création et tout ce qu'il a prévu de faire. Même la mort et la résurrection de Jésus ont été annoncées à l'avance, exprimées et consignées. Rien n'est laissé au hasard. Comme l'a conclu le pauvre Job après une épreuve horriblement pénible, « ... Je reconnais que tout est possible pour toi et que rien ne peut s'opposer à tes projets » (Job 42:2). Notre avenir et la fin de ces temps ont également été annoncés et consignés. Même si personne ne sait quand, ni même comment, l'issue est incontestable.

Daisy, notre chienne, se faufile parfois dans la voiture lorsque nous nous apprêtons à sortir. Nous nous en apercevons seulement au moment de démarrer lorsqu'on la voit nous épier, cachée derrière un siège à espérer contre toute attente qu'on ne la jettera pas dehors. N'est-ce pas formidable que Dieu ne nous ait pas seulement appelés dans sa maison, mais qu'il nous y ait fait une place ?

Aucune des personnes qui font partie de sa famille éternelle ne dira jamais : « Ouf, j'ai réussi à me faufiler ici ni vu ni connu ! »

Caché derrière un arbre

Après avoir présenté la puissance et la magnificence absolues du Fils de Dieu, nous constatons que cette puissance « s'est faite homme, et elle a habité parmi nous » (v. 14). Il le fallait pour que certains des desseins éternels de Dieu s'accomplissent, comme nous le verrons à la fin de ce livre. C'était aussi nécessaire pour la partie de « cache-cache » avec Nathanaël : Je t'ai trouvé !

Lorsque Jésus le rencontre, il lui dit : « Je t'ai vu. Tu étais sous le figuier » (v. 48). Les figuiers ont de grandes feuilles derrière lesquelles il est facile de se cacher. Je le sais, il y en avait un dans le jardin de mon enfance, et il m'était très utile quand je jouais à cache-cache. Nous ne saurons jamais à quoi il pensait, mais Jésus le savait, lui. À un Nathanaël stupéfait, il dit : « Tu verras des choses beaucoup plus grandes » (v. 50-51). Peu importe ce qu'il a compris ; ça lui a suffi pour se lever, tout quitter, suivre Jésus et devenir l'un de ses disciples.

La parole du ciel, Jésus, le Fils de Dieu, sait où tu es et ce que tu penses. Il veut te parler.

À votre tour

Inscrivez votre nom ou celui de votre groupe ici ....

Répétez la phrase suivante : « Jésus voit .... quand je pense que personne ne le peut ».

Rappelez-vous le contexte du chapitre. Celui qui vous voit non seulement vous connaît de fond en comble mais, lorsqu'il parle, ses paroles sont plus puissantes et plus vivifiantes que tout ce qu'on peut imaginer. Grâce à elles, il a créé des mondes.

Quelle meilleure raison d'y accorder toute notre attention ?

Dans un autre chapitre, alors que Jésus fait de son mieux pour se débarrasser des profiteurs et des accrocs aux sensations fortes, il demande à ses disciples s'ils vont le quitter eux aussi. Ils répondent : « À qui irions-nous ? Tu as les paroles de la ***vie éternelle*** » (Jean 6 :68-69). Ils avaient tout compris. Il était la parole et ce qu'il disait allumait le feu (Jean 8:12).

Les paroles de Jésus à votre intention et celle de votre groupe ont l'autorité et le pouvoir d'allumer le feu en vous – de créer, de façonner, de changer, de percer tout et n'importe quoi. Dans la liste des priorités de notre vie (oui, on en a tous), on se doit de donner de l'espace et du temps à sa voix.

Nathanaël n'a plus jamais été le même après avoir entendu Jésus. Les paroles de Jésus m'ont façonné, dirigé et conduit là où je suis et, malgré ma capacité à tout gâcher, elles restent le pivot de ma vie. Elles me sont parvenues personnellement, par l'intermédiaire d'autres personnes, dans mon groupe, par la Bible et dans la vie. Au fil des chapitres, nous verrons les nombreuses façons dont il parle et l'effet qu'il produit.

Notre réponse

La réponse de Nathanaël aux paroles de Jésus fut d'accepter son appel à le suivre. La tradition veut qu'après le départ de Jésus, il ait voyagé en Inde puis en Arménie pour parler aux gens de son merveilleux Seigneur et les guérir – ce qui lui valut d'être écorché vif et décapité. Je suppose que cette dernière mésaventure ne le dérange pas trop désormais, c'était sans commune mesure avec le bonheur qui l'attendait (2 Cor. 4:17).

Il en est de même pour vous, lecteur, car ce Jésus, qui est venu du Père et lui-même le Dieu tout-puissant (És. 9:6), est le même Jésus qui vous voit et qui, comme Nathanaël, détient les paroles qui, non seulement donnent la vie mais qui sont prononcées spécialement à votre intention.

Notre caractère est façonné par nos fréquentations et, bien que les pressions de la vie nous accablent souvent, réservez-vous, où que ce soit, un lieu privilégié où passer du temps en sa compagnie. Pour ma part, c'est ma promenade matinale avec Daisy, notre chienne. J'y tiens farouchement, non parce que je suis très spirituel, mais parce que je sais que, sans sa parole au quotidien, je retombe rapidement dans le chaos. Avec le téléphone en mode silencieux, dans les montagnes majestueuses où j'habite, je parle à Jésus, c'est là désormais ma raison d'être. Faites que sa parole et sa voix fassent partie de la vôtre.

Jodie écoutait attentivement le cours Alpha auquel elle participait. Il s'agissait d'un cours destiné à ceux qui voulaient en savoir plus sur Dieu. En pleine recherche, elle n'était pas encore sûre que Jésus lui parlerait. Elle a été encouragée à le mettre à l'épreuve.

Ce vendredi-là, au travail, un concours était organisé pour voir qui aurait le haricot qui pousserait le plus vite. Elle dit à Dieu : « Si tu es là, fais pousser mon haricot le plus vite ». Tous les membres du personnel sont rentrés chez eux pour le week-end.

Le lundi suivant, lorsque les employés sont arrivés au travail, le haricot de Jodie avait poussé de 7 à 8 cm. Aucun des autres n'avait encore germé. Dès ce moment, elle a su que Dieu était réel et qu'il parlerait à quelqu'un comme elle. Elle a donné sa vie pour le suivre.

La joie de Dieu, c'est que nous prenions plaisir en lui et que nous nous appréciions les uns les autres.

Jean Chapitre 2

Le vin ou le fouet ?

Soyons honnêtes, on se doute rarement de ce que Dieu va dire ou faire. Il semble que c'est ce qui lui plaît. Il permet qu'on se retrouve dans des situations impossibles, puis, une fois qu'on est à bout de nerfs, la grande révélation se produit. Pourquoi ne pourrait-il pas rendre les choses plus faciles ?

Voici pourquoi. Dieu est tout-puissant, omniscient ou sachant tout et omniprésent, ce qui signifie qu'il n'a pas besoin de notre aide. Non, en fait, il n'a jamais cherché notre aide, il s'est toujours contenté de nous chercher, nous. Ce chapitre se termine par cette phrase révélatrice : « Il savait lui-même ce qui est dans l'homme » (v. 25). Il te connaît de fond en comble et pourtant il te cherche encore. C'est toi qu'il veut ; le reste n'est qu'un moyen de t'aider à t'approcher de lui.

Tondre la pelouse

Lors de nos premières années en France, nous fauchions l'herbe en été pour aider à payer les factures. On ne peut pas dire que c'était des pelouses : plutôt des parcelles de plantes et d'herbes arrachées au flanc de la montagne pendant quelques années, avant que la nature ne les recouvre à nouveau. Un été, ma fille était partie en vacances avec sa famille. Mon petit-fils Boaz est venu m'aider à tondre la pelouse d'un voisin. Avec ma puissante machine entièrement motorisée, je franchissais tous les obstacles. Boaz, qui n'avait pas encore deux ans, est apparu à mes côtés avec son jouet en plastique entièrement automatisé, léger et complètement inutile, qui servait maintenant de tondeuse à gazon. Je lui ai montré ce qu'il fallait faire et il m'a imité scrupuleusement, étudiant mes mouvements d'un œil attentif – surprenant pour un si petit garçon. Nous sommes montés et descendus de haut en bas ensemble et ne nous sommes arrêtés qu'une fois la pelouse coupée. Je ne sais ce qu'il ressentait, mais à en juger par son sourire, il aimait bien m'aider.

Moi, j'étais presque fou de joie. Passer du temps avec ce petit bout d'chou était tout ce qui m'importait. Avait-il vraiment coupé de l'herbe ? Non. L'important, c'est que nous l'avions fait ensemble et qu'il pensait m'avoir aidé à accomplir une tâche sérieuse et difficile. J'en étais d'autant plus heureux. Bien sûr, dans son pouvoir illimité, Dieu transforme nos « jouets » en de véritables machines, mais n'anticipons pas, on verra ça dans un autre ouvrage !

Avez-vous une idée de la profondeur de l'amour du Père pour vous ? À quel point il apprécie votre compagnie ? Sa plus grande joie n'est pas que vous lui ayez « donné votre vie » (elle lui appartenait de toute façon : « En effet, toutes les vies m'appartiennent » Ezéchiel 18:4), mais que vous vous rapprochiez de plus en plus de lui. Sa joie, c'est que nous jouissions de lui et d'autrui.

C'est peut-être l'une des raisons pour lesquelles il a programmé pour nous une vie de collaboration avec lui. Peut-être que toutes nos prières, nos jeûnes, nos grandes déclarations, notre évangélisation, nos dons, que sais-je encore, ne sont rien de plus qu'une petite tondeuse à côté de sa vraie moissonneuse. Dieu n'a que faire de nos efforts, c'est notre cœur qui l'intéresse.

Considérons deux situations décrites dans ce chapitre. Le premier personnage est un marié. Quant au second, je vais l'appeler François Dupond (non parce que c'est son vrai nom, mais parce qu'il peut représenter tout ce qui s'est passé dans le temple ce jour-là).

Le marié et son épouse

Je suppose que lors des noces auxquelles Jésus assistait, le vin manqua pour deux raisons possibles (v.3). Je mets en cause la famille du marié et non celle de la mariée, car c'est à la première qu'incombait de pourvoir aux besoins de la fête et de veiller à ce que tout le monde ait assez à manger et à boire.

Première supposition : la famille du marié n'était pas riche et espérait que les gens ne boiraient pas trop ou préféreraient l'eau du puits. Je ne suis pas sûr que cela soit réaliste : dans la tradition juive, les fêtes de mariage se doivent d'être somptueuses. Deuxième supposition (ma préférée) : le marié et sa mère étaient si heureux et insouciants qu'ils avaient invité trop de monde. Je crois entendre le père (qui a probablement commandé le vin) répéter : « Écoutez, nous avons juste assez d'argent pour 100 invités, n'invitez pas tout le monde. N'allez surtout pas inviter tout le monde ! » Je suppose que personne ne l'a écouté. Je comprends pourquoi Marie, la mère de Jésus, était là, et ensuite, bien sûr, Jésus, mais pourquoi inviter 12 personnes que vous ne connaissez probablement pas du tout, même s'ils sont des disciples ?

Peut-être que tous ceux qu'ils ont rencontrés ont eu droit à un :

- Hé, il faut que tu viennes à notre mariage, ce sera génial !
- Tu as des visiteurs chez toi ? Ah... Eh bien, amène-les aussi !

Peut-être Dieu aimait-il cet enthousiasme à vouloir que tout le monde participe à la fête !?

Faites *tout* ce qu'il vous dira

Maintenant, mettez-vous à leur place : le vin vient à manquer. Que faire ? Le vieux truc qui consiste à enlever son uniforme et à se mêler à la foule ne fonctionnera pas parce que c'est votre famille qui reçoit. C'est vous qui êtes à l'honneur. Appeler le débit de boissons ? Non, il n'y a plus d'argent et, de toute façon, c'est toujours fermé quand on a besoin d'eux pendant un mariage. De toute façon, vous avez probablement invité le propriétaire, qui s'amuse déjà comme un fou. Alors, prochaine idée, demander aux voisins ? – Non, vous les avez tous invités au mariage.

Plus personne pour vous sortir de ce pétrin.

C'est là que Marie, la mère de Jésus, apprit quelques trucs. Après avoir été rabrouée par Jésus lorsqu'elle lui a exposé le problème (« Que me veux-tu, femme ? Mon heure n'est pas encore venue », v. 4), elle s'adressa aux serviteurs, et ses paroles ont dû rester gravées dans le cœur de chaque disciple : « ***Faites tout ce qu'il vous dira*** ». Comme c'est simple ! Elle ne fut pas déconcertée par son désintérêt apparent, parce qu'elle l**e connaissait comme si... elle l'avait fait !** Les serviteurs ont exécuté ses ordres à la lettre (v.7). Quand le maître de cérémonie goûta le vin (environ 800 bouteilles selon la plupart des estimations), il s'exclama (v.10) : « Mais pourquoi servez-vous du Châteauneuf du Pape maintenant, alors que nous n'avons bu que du gros rouge auparavant ? (Je vis en France, il faut que le cru soit français !) Ça, c'est une fête ! C'est ça, la vie.

L'avez-vous vraiment entendu et fait ce qu'il vous a demandé ?

Pour que la méthode décrite ci-dessus fonctionne, il *fallait* qu'ils écoutent ce qu'il disait et qu'ils s'exécutent. Il faut écouter et être prêt à agir. Imaginez les serviteurs (nous savons maintenant que cette famille n'était pas si pauvre que ça !) dire : « Quelle idée ridicule ! Pourquoi diable ferions-nous cela ? Ces jarres sont destinées à la toilette cérémonielle, pas à la boisson. Il n'en est pas question ! »

Jésus s'est peut-être délibérément adressé aux serviteurs, car ils étaient habitués à obéir. D'autres parmi nous se seraient rebiffés et alors, devinez ? Eh oui, pas de miracle. Vous devez être prêts à faire ce qu'il vous dit, même si cela n'a aucun sens. N'oubliez pas : il cherche autant à attirer votre attention qu'à résoudre un problème.

Il a engagé sa main souveraine à collaborer avec nous, même si nous n'avons qu'une tondeuse en plastique. J'aurais aimé voir la tête du marié, de la mariée, de la famille et des serviteurs.

Quel plaisir ! Quelle joie !

François Dupond, le changeur de monnaie et vendeur de colombes : vraiment polyvalent, le gars !

Le cœur est très important si l'on veut s'approcher de Jésus.

Une célébration de mariage qui ne semblait pas présenter un grand intérêt « spirituel » donna lieu à une fête inoubliable. D'un autre côté, le gars qui essayait de gagner honnêtement sa vie en vendant des animaux aux visiteurs pour qu'ils offrent des sacrifices à Dieu et adorent dans les règles, s'est pris des coups de fouet (v.14-15). Pas de miracle pour François Dupond et les autres ouvriers, juste une réprimande de Jésus : « Enlevez cela d'ici, ne faites pas de la maison de mon Père une maison de commerce » (v.16).

En lisant les autres versions de cet événement et vu le contexte historique, il semble évident que les changeurs de monnaie du temple gagnaient très bien leur vie. Les gens n'avaient pas d'autre choix que de faire appel aux changeurs, car nulle part ailleurs pouvaient-ils se procurer la monnaie du temple. Les animaux ? Qui sait quelle marge ils prenaient dessus... Contentons-nous de dire que c'était un bon gagne-pain. La réalité, Jésus le savait, c'est que cela n'avait rien à voir avec l'adoration ou la prière.

Imaginez le carnage : les tables renversées, son gagne-pain répandu sur le sol et un fou furieux brandissant un fouet : ce devait être une belle pagaille.

Jésus connaît nos cœurs. Impossible de se cacher. Avec lui, on ne peut pas prétendre être ce que l'on n'est pas.

Pauvre François Dupond ! Il faut bien le reconnaître, cette scène est un drôle de mélange et c'est la seule fois où Jésus eut recours à la violence pour transmettre son message. Pas de miracles pour François Dupond et les autres vendeurs, seulement un Jésus en colère qui revendiquait la maison de son Père.

Je me demande ce qu'a pensé François Dupond, lorsqu'il eut vent des huit cents bouteilles de vin que Jésus avait miraculeusement produites aux noces de Cana.

Pour conclure

Si nous voulons entendre Dieu, soyons comme le petit Boaz ci-dessus. Soyons simplement heureux d'être en compagnie de Jésus. Ne faites pas de grandes promesses. S'il-vous-plaît, oh, je vous en conjure, ne soyez pas trop religieux avec Dieu, visiblement, il déteste ça ! Mais ouvrez votre cœur. Il sait tout de toute façon et l'honnêteté est toujours de mise avec Dieu. C'est ainsi que l'eau se transformera en vin autour de vous.Écoute attentivement. Et puis, « ***fais tout ce qu'il te dit*** ».

À 17 ans, Josh faisait partie d'un groupe au Mozambique. Un jour, accompagné d'un guide dans le bidonville de Pemba, ils sont entrés dans une maison. Chaque personne fut présentée à la famille qui vivait là. Lorsqu'il fut question de lui, le guide a dit : « ... et voici Josh, le prophète ».

Tous les regards se sont tournés vers lui. Moi, un prophète ? Au secours !

Une prière de panique monta vers le ciel. La seule vision que Josh reçut de Jésus fut un moineau plongeant dans des câbles électriques. Jeune chrétien avisé, il demanda plusieurs fois plus d'informations ou une interprétation. Jésus lui dit simplement : « Donne cette vision ».

C'est ce qu'il fit. Toute la famille fondit immédiatement en larmes. C'était manifestement très important pour eux, ça leur parlait.

Aujourd'hui encore, Josh n'a aucune idée de ce que cela signifiait. Il a simplement écouté et fait ce qu'on lui demandait.

Croire c'est apprendre à aimer.

Jean Chapitre 3

Je n'y pige rien.

Ma femme est une artiste. Elle a peint beaucoup de tableaux figuratifs, mais elle s'épanouit vraiment lorsqu'elle se lance dans l'abstrait. Au début d'un tableau, elle me demande souvent ce que j'en pense. Moi son mari, qui l'aime à la folie et qui n'ai pas envie de dormir sur le canapé ce soir-là, je ne lui dis jamais : « Je n'ai pas la moindre idée de ce que tu fais ». Pourtant, même si j'apprécie la manière avec laquelle elle utilise les couleurs et les formes floues, c'est souvent le cas. Pour ajouter au mystère, notre espace de vie est souvent rempli de peinture, de toiles, d'odeurs de gouaches et de pinceaux. Même en préparant une tasse de thé, vous risquez de vous retrouver couvert d'étranges couleurs huileuses merveilleuses. Cependant, lorsque toutes les formes, les textures et les nuances s'assemblent, je m'exclame, émerveillé : « Wow ! »

Mon tableau préféré actuellement est une peinture en trois volets, appelée « triptyque », dans les tons de bleus et blancs, qu'elle m'a offerte à Noël. Ils sont accrochés côte à côte et occupent une place de choix dans notre salon. Quand les gens passent, ils se disent que ça doit représenter une île polynésienne. Moi, je les aime pour la vie et la joie qu'ils m'apportent.

Le visiteur nocturne

Il en est si souvent ainsi de Jésus... Le pauvre Nicodème est venu le voir de nuit (v.2), je suppose qu'il n'avait pas très envie que cela se sache. Lui, l'érudit, le respecté « sage d'Israël », n'était pas censé être celui qui posait les questions ; il était censé donner les réponses. Je suis sûr que son secret sera bien gardé. Ce n'est pas comme si la conversation avait été consignée dans l'un des chapitres du plus célèbre best-seller... Oups !...

Bien que Jésus ait donné à Nicodème des réponses exhaustives quant à ce qu'il fallait faire pour voir le royaume de Dieu et y entrer, il n'a toujours pas compris. Comment quelqu'un peut-il rentrer une seconde fois dans le ventre de sa mère ? Comment est-ce possible ? (v.4-10).

Avez-vous déjà eu l'impression de ne pas comprendre ? Nous, grâce à quelques profondes prédications et études, nous commençons à peine à comprendre une partie de ce chapitre, mais imaginez-vous à la place de Nicodème. Imaginez-vous être considéré comme l'une des personnes les plus intelligentes du coin, quelqu'un qui a toutes les réponses, et pourtant vous n'avez pas la moindre idée de ce dont parle Jésus !

C'est parfois ce qui arrive lorsqu'on écoute Jésus. Il ne rend pas toujours les choses très claires. J'ai eu du mal à comprendre deux versets du même chapitre : « En effet, Dieu n'a pas envoyé son Fils dans le monde pour condamner le monde, mais pour que celui-ci soit sauvé par lui (v. 17), et un peu plus loin : « mais celui qui n'a pas foi en lui est déjà condamné, car il n'a pas mis sa confiance en la personne du Fils unique de Dieu » (v. 18).

On croit entendre des paroles inclusives, mais elles opposent ceux qui croient et ceux qui ne croient pas.

Pas toujours facile d'écouter ! Ne vous inquiétez pas, ce n'est pas censé l'être.

Pourquoi cette difficulté ?

Écouter Jésus, ce n'est pas comme lire la notice d'utilisation d'un meuble en kit d'une célèbre entreprise d'ameublement. C'est plutôt comme tomber amoureux de quelqu'un. C'est mystérieux, c'est merveilleux – pas facile, mais extraordinaire.

Je sais que je me dois de complimenter ma femme pour sa coupe lorsqu'elle sort de chez le coiffeur et ne pas manquer de remarquer les nouveaux vêtements qu'elle a achetés. Nous apprenons ce qu'on appelle le « langage de l'amour ». J'achète des fleurs à ma femme parce qu'elle les aime ; si mon ami achetait des fleurs à sa femme, cela l'agacerait car elle n'y verrait que le gaspillage d'un bel argent. J'ai appris que si elle dit « je vais bien », cela ne veut pas forcément dire cela. J'ai appris que le langage d'amour qu'elle préfère, c'est que nous passions du temps ensemble – mais sans trop d'intensité. Faire du shopping ensemble lui suffit. De son côté, elle a appris les choses qui me comblent de joie, et elle les fait.

C'est un voyage qui nous a permis de valoriser notre mariage, non que nous soyons parfaits, mais nous sommes sur la bonne voie. Et c'est ce voyage qui a rendu notre vie commune si spéciale. Lorsque Jésus nous parle, il utilise entre nous et lui le langage de l'amour.

Croire c'est apprendre à aimer

Dire « je crois en Jésus » (v.16), se faire baptiser et le suivre (v. 22), dire « il faut qu'il grandisse et que je diminue » (v.30), etc., peut n'avoir aucun sens si l'on suit une sorte de kit d'instructions standard. Pour moi, croire que le bus arrive dans 20 minutes signifie que je m'habille, que je m'assure d'avoir sur moi mon portefeuille et que je marche jusqu'à l'arrêt de bus. Rester assis à la maison en me disant que je crois que le bus va arriver n'a aucun sens si j'espère arriver quelque part.

Il en va de même de la foi en Jésus et de l'écoute de sa voix. Le verset 27 l'exprime si bien : « une personne ne peut recevoir QUE ce qui lui est DONNÉ du ciel », ce qui signifie que rien de ce que j'ai en dehors de Dieu n'a de valeur dans son royaume (ça, c'est un casse-tête). Ce qui implique que je prendrai le temps de découvrir son « langage d'amour » et le mettrai en pratique. Il connaît déjà le vôtre, ce qui est une autre bonne raison de l'écouter.

Nicodème est venu ouvertement aider Joseph d'Arimathie à prendre le corps de Jésus après sa crucifixion ; il a appliqué au corps sans vie le rite funèbre juif, avec épices et huiles (en en utilisant beaucoup plus que d'habitude) : cela démontre qu'il avait été profondément touché et ému par Jésus. En cherchant à résoudre cette énigme, Jésus était devenu son Messie.

L'effet de contagion

Nicodème est peut-être reparti perplexe de cette rencontre, mais elle a jeté les bases d'un verset très apprécié et bien connu de la Bible : Jean 3:16 « En effet, Dieu a tant aimé le monde qu'il a donné son Fils unique afin que quiconque croit en lui ne périsse pas mais ait la vie éternelle ». Si Dieu nous parle, c'est rarement pour notre seul profit personnel. C'est aussi en faveur du monde dans lequel nous vivons.

Notre incompréhension, nos erreurs, notre totale confusion ne sauraient empêcher Dieu de concrétiser ses volontés (Esaïe 55 :10-11). En fait, la confusion de Nicodème a permis de réconforter et fortifier des millions d'entre nous au cours des siècles.

L'important, c'est agir...

Cela veut-il dire que ce n'est même pas la peine d'essayer ? Pas du tout. Poser des questions, s'informer, chercher des réponses même si nous ne les obtenons pas en vaut TELLEMENT la peine. Ne pas le faire serait comme si un sans-abri jetait la clé de la nouvelle maison qu'on lui a donnée et retournait dans sa boîte en carton parce qu'il ne comprend pas comment déverrouiller la porte d'entrée ! Quatre fois dans ce chapitre, la clé que vous tenez dans votre main porte un nom : « croire » (v.15, 16, 18 et 36).

Croyez que la clé dans votre main ouvrira la porte, non pas en la mettant dans votre poche arrière avec votre mouchoir dessus, mais en l'introduisant dans la serrure, en la tournant et en ouvrant la porte de la maison que Jésus a construite.

Croire est ici le mot grec « *pisteuo* » (étroitement lié au mot utilisé pour la foi). C'est un verbe, je m'en souviens encore, un verbe d'action. Croire, c'est entrer en action.

(Je précise que c'est pendant mes cours de grec à l'université que j'ai perfectionné ma capacité à paraître intelligent sans avoir la moindre idée de ce dont parlait le professeur. Mon commentaire préféré fut celui où il a laissé entendre que la plupart des prédicateurs qui citent le grec dans leurs sermons, d'après lui en tout cas, se trompaient. Ça m'a décomplexé de ma nullité en langues. Aujourd'hui encore, mon Grec préféré reste le patron de notre resto kebab !)

Levez-vous et mettez-vous en route

Prenez votre clé. Ouvrez la porte. Comme Nicodème, assurez-vous de venir à Jésus, même si c'est de nuit, posez toutes les questions « idiotes » que vous voulez et attendez les réponses ! Même si, au début, vous ne les comprenez pas ou si vous semblez ne rien entendre, comme Nicodème, il changera votre vie et bénira le monde autour de vous par la même occasion.

Seigneur, parle-moi. Laisse-moi entendre ta voix. Montre-moi où regarder.

Bo avait neuf ans lorsque Dieu lui a dit qu'il était temps de se faire baptiser. Il était avec sa famille sur l'île de Skye pour quelques jours.

Il en a parlé à ses parents, à son oncle et à sa tante, chez qui ils séjournaient. Ils ont convenu que c'était possible et que, comme ils vivaient au bord de la mer, il ne serait pas difficile de trouver un bon endroit pour ça. Lorsque la nouvelle s'est répandue, quatre autres personnes se sont présentées pour être baptisées en même temps que Bo. Entre autres, un homme de 60 ans à qui Dieu suggérait depuis un certain temps de faire le grand saut.

L'écoute et l'obéissance d'un garçon de neuf ans ont permis à Harry de faire ce que Dieu lui demandait depuis des années.

Il fera tous les détours nécessaires pour se trouver sur votre route.

Jean Chapitre 4
Où l'on tient Jésus à distance

Je me rappelle avoir été stupéfait du système auditif de mes jeunes enfants. Les filtres naturels dont ils disposaient étaient tout à fait extraordinaires. Je n'avais aucune idée que les humains avaient de telles capacités. Vous pouviez crier haut et fort : « À qui le tour de débarrasser la table ? » avec pour seule réponse un grand silence. Nous vivions dans une maison assez petite, ce n'était donc pas un problème de distance. Les mots ne pénétraient tout simplement pas dans leurs oreilles ou bien, s'ils y pénétraient, ils étaient rapidement étouffés par leur sentinelle cérébrale : « Les corvées ? Très peu pour moi ! » (Comme les globules blancs destinés à tuer tout intrus indésirable). En revanche, comme par hasard, si l'on annonce d'une voix normale : « De la glace est servie dans la cuisine », on entend un tonnerre soudain de pieds et trois visages enthousiastes apparaissent soudain à la porte. Les minuscules poils récepteurs des oreilles avaient réussi à retenir les mots « glace » et « cuisine ». Ils étaient habilement aidés par l'amplificateur de mots intégré dans chacune de leurs têtes, spécifiquement programmé pour s'activer sur des mots tels que « glace », « bonbons », « soirée cinéma », etc.

Je n'ai jamais appris ce phénomène lors de mes cours de biologie humaine à l'école, mais je peux vous assurer que c'est comme cela que ça se passe.

La Samaritaine dont il est question dans ce chapitre semblait également présenter un certain nombre d'anomalies biologiques. Cependant, je les reconnais parce que je les ai souvent utilisées moi aussi. Je les classerai en quatre catégories : débattre, demander, dévier et, enfin, une quatrième, déclarer (remarquez l'utilisation astucieuse des « D » par votre serviteur).

Sortir de sa zone de confort pour prendre la bonne direction

Passer par la Samarie, bien que le chemin le plus court entre Jérusalem et la Galilée, n'était pas l'itinéraire habituel emprunté par les Juifs. Si les Galiléens étaient méprisés en Israël, les Samaritains étaient détestés. On les évitait à tout prix. Pourtant, Jésus a dû passer par là, il est arrivé à midi, alors qu'il n'y avait personne, et il était fatigué (v.6). C'est ce qui se passe en France. Chez nous, le monde s'arrête à midi car à cette heure nous sommes tous fatigués, affamés et assoiffés.

Je suppose que ses disciples étaient partis acheter de la nourriture dans une ville samaritaine, parce que c'est ce qu'on fait à midi. Tout est calme.

Non ! Attendez, quelqu'un arrive. Quoi, une femme ? À midi ?

D'aucuns prétendent qu'elle est probablement venue à ce moment-là de la journée, car les autres femmes l'évitaient à cause de sa réputation. Normalement, on y va au début ou à la fin de la journée. Pas elle, pas aujourd'hui.

Rien ne collait. Un Samaritain, une femme et une mauvaise réputation. Elle n'était donc d'aucun intérêt pour un messie juif.

Pourtant, Jésus se trouve au bon endroit, au bon moment et avec la bonne personne. Son Père voulait qu'il soit là (v.34).

Des paroles de vie éternelle allaient jaillir de ses lèvres ; elles allaient changer la vie et s'avérer puissantes pour les millions de personnes qui, dans les siècles à venir, avaient perdu tout espoir.

A-t-elle reçu les paroles de Jésus, les a-t-elle accueillies et les a-t-elle mises en pratique ? Non, Jésus a dû affronter les trois obstacles que nous érigeons si souvent lorsqu'il s'adresse à nous. Souvent, ils s'imbriquent les uns dans les autres, comme une armure conçue pour résister à Dieu.

L'armure humaine : discuter, demander, dévier

La simple demande d'un verre d'eau déclenche les défenses classiques. Plutôt que de répondre à la question, elle veut savoir pourquoi Jésus parle à un Samaritain (v.9). Juifs/Samaritains – aujourd'hui, il pourrait s'agir des Juifs/Palestiniens, des Français/Anglais, etc.

Nous vivons à la frontière avec l'Italie et, depuis six ans, nous recevons un flot constant de personnes en quête de sécurité ou simplement d'un meilleur mode de vie. Lorsqu'ils sollicitent le proverbial « verre d'eau », il est intéressant de constater que de nombreux locaux répondent « mais pourquoi donc venir en France ? »

Heureusement, beaucoup fournissent le verre d'eau, et bien d'autres choses encore.

Jésus poursuit son chemin en déclarant avec force qui il est et ce qu'il peut faire (v.10). La femme est toujours enfermée dans ses propres problèmes, son besoin d'eau potable et sa quête d'un moyen facile de s'en procurer. Plutôt que de tomber à la renverse et de dire « Wow ! Tu es le Messie ! », elle veut savoir comment Jésus va lui fournir de l'eau (v.11).

Combien de fois faisons-nous cela lorsque Jésus nous parle ? Enfermés dans nos besoins immédiats, nous ne pensons à la vie qu'en ces termes. Nous ne voulons de réponses qu'à nos problèmes immédiats. Comme un enfant à Noël, nous sommes obsédés par l'emballage plutôt que par le cadeau. J'ai souvent dit qu'une boîte vide emballée procurera plus de joie à un enfant que n'importe quel cadeau que vous lui achèterez. Économisez donc votre argent !

Jésus va de l'avant comme on le voit au verset 14 : « C*elui qui boira de l'eau que je lui donnerai n'aura plus jamais soif et l'eau que je lui donnerai deviendra en lui une source d'eau qui jaillira jusque dans la vie éternelle* ». Wow, oh wow de wow ! C'est ce qu'on trouve dans les films, les livres et les récits d'aventure les plus folles. Et voici que quelqu'un me l'offre, à moi, une femme perdue, sans espoir, issue d'une communauté méprisée !

Enfin, elle percute... Elle comprend qu'il s'agit d'un peu plus qu'un simple verre d'eau. Le bulldozer de Jésus vient de renverser ses barricades.

Elle n'arrive pas à faire la part des choses entre son besoin personnel d'aller chercher de l'eau tous les jours et la magnifique promesse que Jésus vient de lui faire. Combien de fois faisons-nous de même ? Lorsqu'on entend Dieu, on fait souvent le lien avec un besoin immédiat – la facture impayée au fond du tiroir, la maladie qui nous a affaiblis, notre travail... Or, il nous parle souvent de quelque chose de plus grand et de plus important.

N'est-il pas triste que, dans nos demandes de prière, nous soyons si souvent coincés dans nos besoins immédiats : argent, santé, problèmes professionnels ? C'est ce que j'appelle les demandes de niveau 1. Passons-nous souvent au niveau suivant ? Aide-moi à être un meilleur père/une meilleure mère, aide-moi à apporter Jésus à mes voisins. Le niveau 3 est peut-être encore moins fréquent : donne-moi le désir de te suivre de tout mon cœur, fais-nous comprendre ta volonté pour notre église, laisse-nous donner une bonne image de toi. Comme le demande Jésus au verset 48, « si vous ne voyez pas des signes et des prodiges, vous ne croirez donc pas ?», nous nous contentons trop souvent d'un nouveau morceau de ruban adhésif sur notre boîte en carton, au lieu de nous attaquer à la maison.

La masse de démolition

Jésus sort la masse de démolition pour cette femme.

L'approche plus subtile n'a pas abouti. Va chercher ton mari ! Il l'a trouvée là où elle se cachait – derrière une vie brisée et profondément honteuse.

« Seigneur, je vois que tu es un prophète » (v.19). Voici l'un des plus grands euphémismes de la Bible. En toute honnêteté, que dire lorsque Jésus démasque votre vie de manière aussi complète ? Elle tente habilement de s'écarter de la question et de la ramener sur le sujet de ses préoccupations (v. 20) (c'est la partie « détournement »).

À trois ans, mon fils Joshua détestait qu'on le dévisage. Parfois, je le faisais simplement parce que je l'aimais à la folie, d'autres fois c'était pour demander qui avait mis des toasts dans notre magnétoscope. Sa réplique désormais immortelle « c'est quoi ça ? », tout en pointant du doigt n'importe où mais pas vers lui, constituait sa vaine tentative de déplacer les projecteurs vers autre chose. L'ampoule au plafond n'est-elle pas plus intéressante ?

Pourquoi pas ? C'est très inconfortable quand Jésus plonge son regard droit dans notre âme ! Pourquoi ne pas essayer de détourner l'attention et changer de sujet ?

Cela n'a pas marché. Jésus se rapprochait, non seulement pour elle, mais aussi parce que son Père voulait que toute la ville locale le connaisse ; elle en était la clé.

Si vous avez vécu un de ces moments où Dieu s'acharne à briser vos arguments, vos exigences, vos détournements, et que vous vous sentez comme déshabillés et défaits, réjouissez-vous, il a un plan bien plus grand que celui de simplement vous mettre d'accord. La femme passe au quatrième D, elle « déclare ».

Est-il le Messie ?

Elle ne retourne pas chez elle pour dire : « J'ai eu une grande révélation au sujet du Messie, venez le voir ». Elle est bien connue dans la ville et dit par conséquent : « venez voir un homme qui m'a dit tout ce que j'ai fait. Se pourrait-il que ce soit le Messie ? » (v.29). C'est tellement mieux l'honnêteté lorsqu'on parle aux gens de Jésus. Nous ne sommes jamais là à cause de notre sagesse, nous sommes là parce qu'il s'est révélé à nous et, qui plus est, il a parlé au plus profond de nos vies. Tout ce que nous avons à dire, c'est : « Venez voir un homme qui m'a dit [tout] ce que j'ai fait. Ne serait-il pas le Messie ? »

On n'a rien découvert par nos propres moyens. Nous avons ce que nous appelons une foi « révélée ». Dieu est venu à nous. Nous ne l'avons pas cherché, nous ne pouvions pas, nous étions morts (Éph. 2:5). Ne devenez pas un gourou spirituel supérieur qui dévoile les grands mystères de l'univers et regarde avec condescendance le désordre du monde ! C'est un mensonge. J'en ai fait l'expérience personnellement.

Comme le disait le vieux fabricant de tentes (1 Tim. 1:15) : « Jésus-Christ est venu dans le monde pour sauver des pécheurs. Je suis moi-même le premier d'entre eux ». Comme les remparts de sable que notre famille aime bâtir sur la plage sont voués à disparaître, la marée des paroles et de l'amour de Jésus est invincible.

Enfin

Lorsque les disciples revinrent, ils ne savaient pas ce qui s'était passé et étaient loin de se douter qu'ils étaient sur le point de vivre la seule action que fit Dieu à l'échelle d'une ville, telle que décrite dans le ministère de Jésus.

L'entreprise de Julie était en difficulté. À cause de certaines règlementations gouvernementales et d'un inspecteur local peu commode, son entreprise avait été forcée de s'associer à une autre partie avec laquelle elle n'était pas à l'aise pour travailler. Elle voulait mettre fin à la relation d'affaires qui lui semblait problématique, mais elle ne savait pas comment y remédier.

Dieu a parlé à son mari, lui a dit que tout allait bien et que l'affaire était entre ses mains.

La semaine suivante, l'autre partenaire a déclaré qu'il voulait se retirer et lui a demandé si elle accepterait de reprendre l'entreprise, avec tous les certificats nécessaires. La décision ne fut pas difficile à prendre pour elle.

Dieu avait parlé et tout s'était passé comme il l'avait dit.

Veux-tu être guéri ?

Jean Chapitre 5

Maison de grâce ou de disgrâce ?

Le chapitre 5, bien qu'il évoque une guérison profonde, est plutôt triste. Il oppose douloureusement la grandeur de notre Jésus à nos piètres réactions humaines. Le mot « croire » apparaît sept fois dans les versets, mais six d'entre eux sont dans un contexte négatif. Le septième a changé la vie de ma famille (j'y reviendrai plus tard).

La guérison dont il est question ne se termine pas par l'arrivée d'un nouveau disciple, mais plutôt par un Jésus qui se défend, lui et sa mission. Le contexte est également un peu bizarre. La piscine à côté de laquelle l'homme était couché s'appelait Béthesda.

Si l'on examine les racines araméennes et hébraïques de ce mot, il signifie soit « maison de la grâce » soit « maison de disgrâce ». La légende veut qu'un ange soit descendu et ait trempé ses ailes pour faire bouger les eaux de temps en temps. Le premier à entrer dans l'eau en ressortait guéri. Ces gens étaient tombés bien bas par rapport à la révélation de Dieu. Ils devaient être vraiment au bout du rouleau pour tenter des trucs pareils !

Apparemment, en réalité, l'agitation était causée par un ruisseau souterrain qui bouillonnait de temps en temps. Rien à voir avec les anges. Mais revenons à la question : pourquoi le peuple de Dieu se tournait-il vers une fable pour obtenir une guérison plutôt que vers le Tout-Puissant lui-même, qui avait déclaré être Jéhovah Rapha, le « Seigneur ton guérisseur » (Ex. 15:26) ? Ils auraient dû s'en douter. Nous ne ferions jamais cela aujourd'hui, n'est-ce pas ?

J'ai été choqué d'apprendre qu'un sondage réalisé en Italie a montré que sur les dix personnes que l'on prie le plus régulièrement, Jésus n'arrive qu'en septième position. Six autres personnes sont considérées comme plus susceptibles que lui de répondre à la prière. Incroyable ! Je suppose que beaucoup de ces gens se seraient rués autour de la piscine de Béthesda. Et voilà. C'est le moment où l'on plaque un peu de religion sur un tas d'absurdités et de superstitions et on appelle cela Dieu. Les Italiens ne sont pas les seuls à le faire, nous le faisons tous. Maison de la grâce ou maison de la disgrâce ?

Quand Dieu se tait

Il est vrai que la nation n'avait pas entendu parler de Dieu pendant quatre siècles, Malachie étant le dernier prophète à avoir prononcé la parole de Dieu. Lorsque nous n'entendons pas la voix de Dieu, nous sommes assurés de dévier du droit chemin. Pire encore, nous le faisons souvent en revendiquant une certaine forme de fondement biblique ou religieux. On voit partout des idées bizarres et merveilleuses sur la vie qui sont marquées du sceau de « Dieu ». Nous expliquons notre vie à travers notre propre compréhension du moment et essayons ensuite d'y greffer Dieu. Moins on entend parler de Dieu, plus il est probable que notre point de départ soit erroné et, s'il est erroné, vous pouvez être sûr que votre point d'arrivée sera lui aussi à côté de la plaque. Nous finissons par expliquer Dieu et sa parole à partir de notre point de vue et de notre culture, au lieu de « trembler humblement devant sa parole ».

Il se trouve que Dieu n'apprécie pas beaucoup cette approche. (Esaïe 66:2).

L'homme paralysé

Trente-huit ans, c'est très long quand on attend. Nous savons avec certitude qu'il n'était pas jeune et qu'il s'était engagé dans une vie de péché. La déclaration finale de Jésus, « Te voilà guéri. Ne pèche plus, de peur qu'il ne t'arrive quelque chose de pire» (v. 14), n'était pas sa manière habituelle de conclure ses guérisons. Contrairement au miracle du chapitre 9 où l'homme né aveugle est devenu un disciple de Jésus, on n'entend plus parler de ce type.

Voyons ce que Jésus pouvait bien faire pendant la célébration de la Pâque dans un endroit rempli de gens superstitieux. La Pâque leur rappelait magnifiquement que Dieu est leur puissant libérateur. Bien que son peuple ait été confronté à l'opposition la plus redoutée du monde connu à l'époque, Dieu l'a libéré (Exode 3-12 : c'est très intéressant à lire). Jésus prend le temps de célébrer l'étonnante libération d'Israël par son Père pour se ruer vers la superstition d'un trou d'eau où se pressaient des malades.

La seule guérison attestée est celle de cet homme, mais comme Jésus ne s'y est pas rendu pour faire du tourisme, on peut penser qu'il y en eut beaucoup d'autres. Il était temps de rappeler aux gens présents que c'était Dieu qui guérissait et non un étrange phénomène. Jésus détourne toujours l'attention pour s'écarter des mythes et des fables et nous ramener vers qui il est lui-même. Jésus s'invite si souvent au cœur de notre confusion et de notre détresse, cherchant à nous guérir. N'est-ce pas formidable ?

Il commence par poser au type une drôle de question : « Veux-tu guérir ? » Bien sûr qu'il veut guérir, enfin, Jésus ! Sinon, pourquoi serait-il ici à Bethesda ? Mais voulait-il vraiment guérir ?

Veux-tu *vraiment* guérir ?

Nous vivons dans l'une des régions des Alpes où l'air est très pur. Par conséquent, nous avons beaucoup de cliniques et de centres pour patients souffrant de toutes sortes de problèmes respiratoires. Ma femme et moi avons eu notre part de problèmes de santé, notamment des accidents vasculaires cérébraux, des cancers, des problèmes neurologiques et, au fil des ans, nous avons eu de nombreux rendez-vous dans différents hôpitaux et cliniques. L'une des choses les plus effrayantes que nous observons, ce sont ces personnes qui se sont institutionnalisées en étant presque satisfaites d'être malades. Elles se complaisent à rester le point de mire des médecins, spécialistes et infirmières. Ce n'est pas le cas de tous, mais d'un nombre suffisant pour qu'on ait envie de quitter ces endroits. « Voulez-vous guérir ? » voilà sans doute la bonne question.

Parfois, la vie nous terrasse et nous restons désabusés ou alors nous sommes trop fatigués pour faire l'effort de nous rétablir. C'est souvent le cas lorsqu'on vit une vie de péché. Tout comme Adam et Ève se sont cachés de Dieu lorsqu'ils ont péché, l'instinct nous pousse à nous cacher derrière la maladie ou toute autre excuse plutôt que de confronter la situation réelle. Demandez-vous si vous voulez guérir, non seulement physiquement, mais aussi spirituellement, psychologiquement, mentalement, etc. Aller mieux peut impliquer d'entrer dans le monde effrayant de l'amour et de tout ce que cela peut coûter. Comme Jésus l'a si délicatement dit, « quiconque veut être mon disciple doit renoncer à lui-même (aïe), porter sa croix (ooh non !) et me suivre (jusqu'où ?) » Matt. 16:24. Alors, posez-vous à nouveau la question : voulez-vous guérir ? Insistez jusqu'à ce qu'il vous réponde.

Revenons à notre récit. L'homme raconte la légende des eaux guérissantes comme si Jésus ne connaissait pas cette histoire. Jésus ne discute pas de la stupidité de telles superstitions, mais se contente de témoigner de son Père (c'est le moment où Dieu fait voler en éclats le charabia que nous inventons sur la vie).

« Lève-toi (mais je ne peux pas !), ramasse ta natte (interdit le jour du sabbat !) et marche (impossible !) » (v.8).

Cet homme l'a fait. Il a été complètement guéri. Les paroles de Dieu ne sont pas simplement une ligne de plus dans un livre, elles sont chargées de puissance. Jésus ne disait pas « essaye », mais littéralement, dès qu'il prononçait ses paroles, sa puissance se manifestait et le miracle se produisait.

Je voudrais vous encourager sur ce point. Un jour, j'ai été convaincu que Dieu voulait que j'épouse ma petite amie, ce qui m'arrangeait bien car j'étais également fou d'elle, mais je savais que Dieu voulait faire de moi un « mari » digne de ce nom. Souvent, et en particulier lorsque je n'ai pas été, disons, le mari idéal, je me suis rappelé que c'est Dieu lui-même qui m'avait appelé à l'être. Cela me donne toute la puissance dont j'ai besoin pour être tout ce que Dieu m'a appelé à être dans mon rôle de partenaire de ma femme.

C'est la puissance de la parole de Dieu qui m'en rend capable, et non moi : j'essaie seulement de faire de mon mieux. L'un des effets secondaires d'un accident vasculaire cérébral, c'est un dérèglement de la capacité à contrôler ses émotions. Dieu a dit « mari », pas « mari jusqu'à en faire une attaque ». Je pourrais continuer, mais inutile de dire que les paroles de Jésus ont bien plus de pouvoir qu'une simple information, c'est une vie qui peut vous guérir, si vous le voulez. J'ai dû me battre pour cela, mais c'est venu.

Les chefs religieux et mon père

L'histoire ne se termine pas si bien pour ce type.

Il découvre que c'est Jésus qui l'a guéri et il va le dire aux chefs juifs (v.15). Jésus finit par défendre son identité et son ministère, puis s'en prend à leur totale incrédulité (v.16-18). À leurs yeux, les règles qu'ils avaient créées étaient plus importantes qu'une guérison étonnante. C'est dans cette section du chapitre que sont consignées toutes les fois où le mot « croire » est prononcé.

L'incroyable déclaration – « En vérité, je vous le dis, celui qui **écoute ma parole** et qui croit à celui qui m'a envoyé **a** la vie éternelle; il ne vient pas en jugement, mais il **est passé** de la mort à la vie » (v. 24) – a changé la vie de mon père. À 18 ans, bien qu'on lui ait assuré à maintes reprises que s'il « croyait » que Jésus était le fils de Dieu, tout irait bien, il ne trouvait toujours pas la paix. En fin de compte, ce ne sont pas des mots humains qui l'ont convaincu, mais ce simple verset et, en particulier, l'auxiliaire « ***a*** ». C'était une ***affaire réglée***. C'était arrivé, c'était à un temps du passé. Ce n'était pas conditionné par son comportement ou par ce qui se passerait à l'avenir. Cela l'a changé ! Il raconte qu'il était tellement excité qu'il s'est précipité dans les toilettes de son lieu de travail et a remercié Dieu pour l'accord conclu. Il est rentré chez lui (à environ 40 minutes en bus) en chantant tout au long du trajet. Cela devait être impressionnant, mais il a dit qu'il ne pouvait pas s'arrêter. De ce moment-là où Dieu a parlé sont nés dix enfants (je suis le huitième) qui ont tous suivi Jésus. Il y a aussi 34 petits-enfants et maintenant des arrière-petits-enfants. C'est la puissance du simple mot « ***a*** » qui a ouvert cette porte...

Malheureusement, les chefs religieux auxquels Jésus s'adressait étaient tellement préoccupés à essayer de découvrir ce que Dieu voulait, qu'ils sont passés à côté. À l'époque, l'Ancien Testament tel que nous le connaissons était largement étudié par les religieux. La secte des pharisiens avait pour mission de ramener un peuple égaré aux enseignements des Écritures et donc à Dieu. Ils considéraient l'occupation romaine comme un châtiment pour le manque de foi de la nation. Leur mission consistait à redresser la situation. Alors, qui était ce Jésus qui faisait tout voler en éclats ?

Remarquez la différence entre les mots « étudier » et « écouter ». Jésus avait dit à plusieurs reprises : « Que celui qui a des oreilles pour entendre entende » (Matt.

11 :15 ; 13 :9 ; Marc 4 :9 ; Luc 8 :8). Ils pensaient avoir la vie éternelle en étudiant la loi et non en connaissant une personne. Si nous faisons cela, alors, comme eux, nous ne nous extasierons pas de joie devant une guérison étonnante, nous chercherons simplement des moyens d'essayer d'étouffer l'affaire.

Je connais une église qui a prié pendant de nombreuses années pour que Dieu se manifeste dans sa ville. Il l'a fait, mais sous la forme de jeunes indisciplinés et d'anciens toxicomanes. Ils ont été largement rejetés par la communauté et, sans surprise, le mouvement s'est essoufflé. C'est incroyablement triste.

Je sais que les miracles ne sont pas la seule preuve du comment et du pourquoi, mais rien de mieux pour attirer l'attention. Ils devraient nous inciter à nous asseoir et à faire attention, même si nous ne comprenons pas. Par-dessus tout, ils devraient nous inciter à écouter.

Enfin

Dans la vie, on dit souvent que pour trouver le pourquoi, il faut suivre l'argent. J'ai découvert que, pour le disciple de Jésus, « suivre le fruit » est le moyen de découvrir où Jésus se trouve dans votre vie et celle de votre groupe. Où se produisent les miracles ? Où se manifestent les fruits du royaume ? Où la Bible est-elle incarnée ? C'est là que vous trouverez Jésus à l'œuvre.

Lorsque nous sommes arrivés en France, un ami pasteur, Adam Dyer, nous a dit que ce que Dieu allait construire ici ne ressemblerait à rien de ce que nous avions vu auparavant. Mon guide sur la manière de procéder et mon expérience ont dû céder la place à l'observation et à l'écoute.

Jésus a inclus la Bible dans cette démarche : « Vous étudiez les Ecritures parce que vous pensez avoir par elles la vie éternelle. Ce sont elles qui rendent témoignage à mon sujet, et vous ne voulez pas venir à moi pour avoir la vie ! » (v.39 & 40). Il s'adressait à des chefs religieux. Imbus de leurs hautes fonctions, ils étaient totalement à côté de la plaque !

On n'étudiera pas la Bible quand on sera avec Jésus dans notre nouvelle maison. C'est de lui qu'il s'agit. Nous serons en présence de la réalité. Désormais, continuez à poursuivre la réalité. Oui, étudiez la Parole de Dieu, Dieu me parle beaucoup à travers elle, mais n'oubliez pas que l'objet de votre quête, c'est une personne et que cette personne veut vous parler.

L'amie d'Asha en était à sa dernière tentative d'enfanter. Toutes ses tentatives précédentes de grossesse par FIV avaient échoué et elle en était à ses deux derniers ovules. Malheureusement, à mi-chemin du processus, elle a commencé à saigner et a envoyé un message à Asha pour lui demander de prier pendant qu'elle se rendait à l'hôpital. Elle n'était pas une adepte de Jésus.

Asha s'est mise à genoux et a immédiatement été submergée par l'émotion. Dieu lui a donné le Psaume 113 et après avoir parcouru les versets qui ne semblaient pas pertinents, elle est tombée sur le verset 9 : « Il donne une famille à celle qui était stérile, il fait d'elle une mère joyeuse au milieu de ses enfants ». Elle a dit à son amie que tout irait bien, que Dieu lui donnerait un enfant.

L'amie a été opérée et, miraculeusement, l'un des œufs a été sauvé. Elles se sont rencontrées quelques semaines plus tard dans un supermarché, où elle a fièrement exhibé son ventre de femme enceinte. Asha lui a raconté tout ce que Dieu lui avait dit. Elles ont pleuré et se sont serrées dans les bras.

Asha a prié, Dieu a parlé. Un bébé a été sauvé.

On a tous besoin d'être idiot un jour!

Jean Chapitre 6

Espèce d'imbécile !

Pendant notre enfance, l'un de nos programmes télévisés familiaux préférés s'appelait *Dad's Army* (L'armée de papa). Il s'agissait d'une comédie décontractée mettant en scène un groupe d'hommes incapables d'aller se battre pour leur pays pendant la Seconde Guerre mondiale, appelé *Home Guard* (un groupe historiquement réel pendant la guerre). Leur travail consistait à rester au pays et à protéger la région. L'un des personnages représentés était le plus jeune membre de la garde nationale de Warmington-on-Sea, le soldat Pike. Généralement, il disait ou faisait ce qu'il ne fallait pas, ce qui lui valait cette remarque fréquemment répétée par son commandant, le pauvre capitaine Manwaring : « *You Stupid Boy* ! » (Espèce d'imbécile !) J'ai souvent pensé que cette sentence s'adressait peut-être à Andrew dans ce chapitre.

Ce chapitre raconte l'un des miracles les plus spectaculaires accomplis par Jésus, suivi de l'une de ses puissantes déclarations : « Je suis », complétée par un enseignement difficile, apparemment destiné à décourager son auditoire.

Nourrir beaucoup de monde

Nourrir cinq mille personnes peut sembler tout à fait hors de notre portée. Nous sommes heureux lorsque Dieu nous aide à retrouver les clés que nous avons égarées ou nous donne une bonne nuit de sommeil. Nourrir cinq mille personnes affamées avec rien ? Impossible. Pourtant, il pose à Philippe la question suivante : « Comment allons-nous les nourrir ? »

Face à une demande impossible, nous commencerions normalement, comme le disciple Philippe, par dire « soyons raisonnables ».

Nous n'avons pas assez d'argent, et même si nous en avions, le supermarché est trop loin ! (v.7). Sois raisonnable, Jésus !

Cet idiot d'André entre en scène

On ne sait pas grand-chose d'André. Nous savons qu'il était très doué pour présenter Jésus aux gens. Il suivait Jean le Baptiste (Jean 1:35) et avait donc faim d'en avoir plus qu'il n'en avait. Le message de Jean était un message de préparation et il orienta André vers Jésus. Très rapidement, André a amené son frère Pierre à Jésus : « Nous avons trouvé le Messie » (1:41). S'il n'avait fait que cela, je pense que nous serions tous incroyablement reconnaissants. Quelle bénédiction incroyable Pierre deviendrait et quelle bénédiction il reste à ce jour ! André était la clé de Pierre, mais cela ne s'est pas arrêté là. Nous citons souvent Pierre comme le premier disciple à avoir vu la bonne nouvelle sortir de la nation juive et Paul comme le grand apôtre des Gentils, mais c'est André et Philippe qui, les premiers, ont amené des Grecs à Jésus (Jean 12 :20). Ils étaient impatients d'apporter leur aide !

Cinq mille hommes affamés, plus les femmes et les enfants, étaient là. Notez ici que Jésus « avait déjà en tête ce qu'il allait faire » (v. 6). Dieu sait toujours ce qu'il va faire. Il nous implique parce qu'il nous veut à ses côtés. Prenez courage – il a déjà les réponses.

Cette remarque stupide devient un miracle

André dit : « *Il y a là un garçon avec cinq pains et deux petits poissons* » et, au cas où vous penseriez qu'il savait que Jésus pouvait les multiplier, il ajoute : « *mais qu'est-ce que cela pour tant de monde ?* » (v.9).

Crions-lui en chœur : « Tu as comme un doute mais tu oses proposer le pique-nique du gamin pour nourrir cette foule ?!... Espèce d'idiot ! »

Je suppose que Pierre aurait aimé lui passer la main dans les cheveux, comme le font les grands frères. Je suis sûr que les autres n'en revenaient pas qu'il ait même suggéré cela, étant donné l'énormité du problème auquel ils étaient confrontés. Un seul petit pique-nique pour cette multitude. Vraiment, quel imbécile !

Pourtant, ce sont ces mêmes pains et poissons que Jésus a utilisés pour accomplir son grand miracle et ouvrir la porte à un enseignement qui bouleverse les vies. Tout le monde a mangé à sa faim et chaque disciple a réussi à remplir un panier de restes pour « la part du pauvre » (c'est le terme qu'emploie notre famille pour garder de la nourriture pour plus tard, sans que les gens ne sachent ce qu'on a en tête. Dupond s'est peut-être dit : « C'est pour Dupond » = je vais me les garder...).

André a fait « ce qu'il pouvait » et cela a suffi.

Ce qui est étonnant, c'est que Dieu ne vous demande pas de réaliser des exploits insurmontables, il veut juste les pains et les poissons de votre pique-nique. Il se charge de l'impossible. Souvent, ma femme et moi commençons notre journée en offrant à Dieu nos pains et nos poissons et en lui demandant de les multiplier dans toutes nos circonstances.

L'offrande d'André fut le catalyseur qui nourrit des milliers de personnes. Nous avons tous besoin d'être parfois des imbéciles !

Garder son sang-froid dans la tempête

Le miracle ne s'est pas arrêté là. Cette longue journée a été couronnée par ceci : les disciples ont dû traverser le lac de Galilée à la rame, au milieu d'une très forte tempête, sans Jésus. Ils devaient être épuisés après avoir nourri tous ces gens. Leurs 12 paniers n'étaient sans doute pas restés secs avec toutes ces vagues autour de leur petite barque (v.16-18).

Jésus apparaît soudain, marchant sur l'eau (v.19). (J'ai essayé une fois, au début de ma conversion, mais je me suis bien mouillé). Il monta dans la barque après les avoir tous calmés et leur offrit une téléportation navale, à faire ressembler les hors-bords sponsorisés par Red Bull à des canards de bain en plastique (v. 20-21). Jésus sait comment s'occuper des siens. Un transport instantané qui fait passer pour lente la vitesse de l'hyperespace.

S'il ne s'agissait que d'une production hollywoodienne, on n'en parlerait plus depuis longtemps. Des milliers de personnes guéries et nourries par Jésus, le tout couronné par une marche sur l'eau et un transport instantané : de la matière pour une super production. Pourtant, Jésus n'accordait pas grande importance aux miracles, les gens eux-mêmes lui importaient. Il était déçu de voir qu'ils ne se préoccupaient que de leur estomac et de leurs petits problèmes (v.26-27). Ils ne recherchaient pas ce qui est important dans la vie.

Cessez d'attendre des miracles et commencez à chercher le PAIN DE VIE

Ne soyez pas surpris que Jésus ne se préoccupe pas seulement des problèmes auxquels vous êtes confrontés. Votre santé, vos finances et même vos relations ne sont que les premiers pas, c'est nous qu'il veut. C'est là le vrai miracle dont nous avons besoin : Jésus au cœur de notre vie.

Nous pouvons le tolérer, peut-être même comprendre à moitié lorsqu'il dit : « Je suis le pain de vie » (v. 48). Mais lorsqu'il dit : « Si vous ne mangez pas la chair du fils de l'homme et si vous ne buvez pas son sang, vous n'avez pas la vie en vous » (v. 53), on a d'abord envie de vomir d'autant plus qu'il enseignait alors dans une synagogue juive. Dans ce pays, il était interdit de manger des aliments non autorisés et on ne buvait jamais, mais alors jamais, de sang. Du boudin noir ? Pas d'ça chez nous !

Jésus vous choque-t-il parfois lorsqu'il ouvre la bouche ? Nous arrive-t-il de lire quelque chose dans la Bible et de nous demander pourquoi cela ne s'applique pas à nous aujourd'hui ? Faites attention. Il est le même hier, aujourd'hui et à jamais (Héb. 13:8). Comme le faisait ses auditeurs d'alors, certaines parties de Jésus nous déplaisent et nous essayons de les effacer. Il est assez commode et pas si difficile de construire un Jésus qui corresponde à notre vision de la façon dont le monde devrait fonctionner. Comme l'a si bien dit Voltaire, « Au commencement, Dieu créa l'homme à son image, et depuis lors l'homme s'acharne à lui rendre la pareille ». Nous finissons par créer, oui, et même par adorer, un Dieu de notre propre création.

Si nous faisons cela, nous ne l'écoutons pas et nous ne le « connaissons » pas. Ce personnage incarne une insulte à la façon de penser de notre culture, et pas seulement aux personnes avec lesquelles nous aimons être en désaccord. Si vous voulez vraiment l'entendre dans votre vie et dans celle de votre groupe, « mangez sa chair et buvez son sang ». Oui, je sais qu'il s'agit de sa crucifixion et de sa résurrection, mais c'est aussi Jésus qui secoue les gens qui ne le suivent que pour ce qu'ils peuvent obtenir de lui. Nous ne prendrons pas notre croix et ne suivrons pas Jésus si nous cherchons seulement à satisfaire nos besoins quotidiens.

Lorsque la foule s'en est allée, y compris beaucoup de ses disciples (je suppose qu'il n'avait pas écouté sur Instagram ou Tik Tok tous ces trucs pour augmenter son audience), il s'est tourné vers ses disciples et leur a dit : « *Voulez-vous partir vous aussi ?* » (v. 67). Simon Pierre se retourna et prononça l'une des grandes déclarations que vous devez considérer comme centrale si vous voulez entendre Dieu dans votre vie, (et merci encore à André de l'avoir introduit auprès de Jésus): « *Seigneur, à qui irions-nous ? Tu as les paroles de la vie éternelle. Nous avons cru et nous savons que tu es le Saint de Dieu* » (v.68 & 69).

Lorsque, malgré tout l'horrible et le négatif qui gâche votre vie, vous parvenez à vous joindre à Pierre et à prononcer ces mots, vous êtes prêt à entendre avec une acuité renouvelée.

J'en suis venu à considérer ces paroles comme une douche brûlante. Je me tiens sous la douche, même si c'est un peu douloureux, car je dois bien me laver. D'abord ma femme, puis mes amis et enfin tout le monde commence à se plaindre si je me néglige. Sa parole est une douche brûlante dans ta vie, tes relations, tes affaires, pour tout ce qui compte.

Assurez-vous d'en prendre une tous les jours, sinon ça se sentira.

À l'âge de 18 ans, un de mes amis proches se promenait en parlant à Jésus. Il a entendu une voix qui lui disait : « Sois le pasteur de mon peuple ».

Il a ensuite exercé dix métiers, dont la gestion de quatre entreprises, la fonction de pasteur de plusieurs églises et plusieurs projets communautaires. Au fil des ans, il a eu 25 voitures, quatre chiens, trois enfants, huit petits-enfants, a vécu dans trois pays et a toujours une belle épouse. Pourtant, cette phrase a guidé et orienté toutes les décisions qu'il a prises dans sa vie.

Une phrase de la part de Dieu : une vie est façonnée.

D'où vient l'eau de votre robinet?

Jean Chapitre 7
Où notre fleuve prend-il sa source?

Nous vivons à l'extrémité de l'une des plus belles vallées de France, la Vallée de la Clarée. Le paysage montagneux à couper le souffle est rehaussé par une belle rivière qui a donné son nom à la vallée, La Clarée. Au niveau de notre village, elle est rejointe par un petit ruisseau appelé la Durance. Ce petit ruisseau, qui vient du col derrière nous, change le nom de la rivière en celui, bien connu, de La Durance.

La Durance descend et se jette dans le plus grand lac artificiel d'Europe (jusqu'en 2017, c'était le plus grand lac du monde) et, de là, irrigue l'une des plus grandes régions fruitières de France. Elle produit de l'électricité grâce à un système de canaux et de turbines hydrauliques, et fournit de l'eau potable à des centaines de milliers de personnes. Elle offre également de nombreuses activités ludiques sur le lac lui-même.

Lorsque Jésus dit : « *Si quelqu'un a soif, qu'il vienne à moi et qu'il boive ; celui qui croit en moi,* comme le dit l'Écriture, *des fleuves d'eau vive couleront de lui* » (v. 37 et 38), je pense souvent à ce petit cours d'eau qui change de nom et alimente des millions de personnes en nourriture, énergie, vie et joies.

Pourquoi changer le nom de notre rivière ? Le plus grand fleuve aurait certainement la priorité. On pense que c'est parce que dès les premières annales du nom (vers le 1er siècle), la Durance coulait d'un endroit où il y avait une route importante et bien fréquentée à travers les Alpes. La Clarée, en revanche, coule d'un cul-de-sac. C'est très étonnant : au bout de cette vallée, il n'y a pas de route, seulement des montagnes.

La question est donc la suivante : d'où vient votre rivière ? Qu'est-ce qui émane de votre groupe ou de votre vie, qui nourrisse, renforce et vivifie ?

Qui remplit votre robinet ?

Jésus sait clairement où se trouve sa source, c'est son Père. Lorsque les gens ont dit de Jésus : « *Comment connaît-il les Ecritures, lui qui n'a pas étudié ?* » (v.15), on touche à un principe fondamental et extrêmement important de la vie. La raison pour laquelle Jésus répétait sans cesse la phrase « *Quiconque CROIT en moi* » c'est que la seule source qu'il avait était son Père (v. 16). Par conséquent, si vous CROYEZ en lui, vous croyez en celui qui l'a envoyé. Vous croyez au Dieu d'Israël, au créateur, à la source de toute vie.

L'inverse était également vrai : si vous rejetiez Jésus ou son enseignement, vous rejetiez également son Père. Vous ne pouviez pas avoir Jésus sans le Père. Lorsque Jésus a dit : « *Mon enseignement ne vient PAS de moi, mais de celui qui m'a envoyé* » (v. 16), c'est parce que son objectif principal était de relier les gens à son Père. Il s'est donné beaucoup de mal pour préciser qu'il faisait SEULEMENT ce qu'il voyait son Père faire. Au chapitre 5 verset 19, il dit qu'il « *ne peut rien faire de lui-même, sinon ce qu'il voit le Père accomplir* ».

Les autres rivières d'enseignement proviennent des hommes, de leurs propres idées et découvertes, bref d'un cul-de-sac. Beaucoup d'entre elles sont sans doute bonnes, très attrayantes, mais elles ne sont pas porteuses de la vie que seul Jésus peut apporter. Ne soyez pas tentés de penser qu'il existe de bonnes ressources dans le monde pour nous. Jésus ne le pensait pas. Puisqu'il ne s'y confiait pas, autant l'imiter. Oui, La Clarée est une très belle rivière, mais ce n'est pas elle qui apporte la vie à des millions de personnes. Si vous voulez être plus qu'une jolie rivière que les gens admirent, si vous voulez apporter la vie aux gens, vous devez vous assurer de prendre votre source en Dieu lui-même.

J'ai un ami que j'apprécie beaucoup. Chaque fois qu'il entend dire que quelqu'un est pasteur ou a fréquenté un collège biblique, il manifeste une admiration qui m'agace au plus haut point. Je n'ai rien contre l'apprentissage, mais ce n'est pas une université ou un statut professionnel qui donne l'autorité de parler ou de changer le monde autour de vous. Notre autorité, c'est d'apprendre à « *ne faire que ce que vous voyez le Père accomplir* ». Vous pouvez apprendre cela à l'université – ou non. L'important c'est que vous appreniez. Pour mémoire, Jésus n'est jamais allé à l'université.

Attention, ils viennent d'un milieu douteux !

La plupart des personnes dont il est question dans ce chapitre ne pouvaient tout simplement pas le comprendre. Ils avaient même la preuve que Jésus, malgré les miracles étonnants qu'il faisait, ne pouvait pas être authentique. Les Écritures disaient qu'il naîtrait à

Bethléem et non en Galilée (v.41, 42 et 52). Bien sûr, ils n'avaient pas eu comme moi à endurer huit années de spectacles de la nativité, comme lorsque mes enfants étaient à l'école primaire. Je savais sans l'ombre d'un doute où Jésus était né. Je savais aussi que les ailes de l'ange se décrochaient parfois et que l'enfant Jésus était souvent tenu dans les positions des plus périlleuses.

Voici un grand avertissement. Certes, je saute quelque peu d'un chapitre à l'autre, je vous le concède, mais c'est le moment de le faire. L'étude de la Bible ne vous rapprochera pas plus de la vérité que la lecture de votre journal local. Dois-je le répéter ? L'étude de la Bible ne vous apportera pas plus de réponses que feuilleter une brochure touristique.

Comment puis-je oser dire cela ? Eh bien, regardez qui étaient les principaux opposants de Jésus ici (v.32) : C'étaient les chefs spirituels de l'époque, ceux qui interprétaient « la volonté de Dieu » pour la nation. Ces gens, disait Jésus, pensaient qu'ils trouveraient la vie éternelle en sondant les Ecritures (Jean 5 :39). En réalité, c'est impossible.

Suis-je en train de dire, « Ne lisez pas la Bible ? N'écoutez pas les chefs spirituels ? Ne lisez pas de livres comme celui-ci ? » Eh bien, oui et non. Si vous le faites sans être conscient que le Saint-Esprit vous guide et vous conduit (nous y reviendrons au chapitre 16) et qu'il rend Jésus (qui est la raison d'être de la Bible) réel pour vous, cela ne vous mènera nulle part. Vous vous retrouverez embrouillé ou, pire encore, vous deviendrez un fanatique religieux. Vous passerez à côté de la promesse faite par Jésus au verset 37 : des fleuves d'eau vive couleront des profondeurs de votre être. Vous serez aussi inutile qu'une vieille bouteille dont l'étiquette prestigieuse est prometteuse mais dont le vin a tourné au vinaigre.

Des millions de personnes dans le monde étudient les Écritures et prient. Pourtant, combien commencent leur journée en disant : « Père, que vas-tu faire aujourd'hui ? Laisse-moi te connaître davantage. Donne-moi de faire ce que tu fais ». C'est une autre façon de dire : « Que ton règne vienne, que ta volonté soit faite ».

Attention, je ne dis pas que nous n'avons pas besoin de nous plonger dans la parole de Dieu. Si nous ne lisons pas la Bible, nous ne comprendrons ni ne connaîtrons jamais ce Dieu qui a choisi de se révéler dans les Écritures. C'est une des principales façons dont parle le Saint-Esprit, et si nous l'ignorons, c'est à nos risques et périls. Jésus lui-même a cité 15 livres, 78 fois. Il connaissait les Écritures sur le bout des doigts. Même les gardes envoyés pour arrêter Jésus ont été tellement étonnés par son enseignement qu'ils n'ont pas pu exécuter les ordres qu'ils avaient reçus (v. 45 - 46).

Et pourtant, c'est l'Esprit Saint qui leur donne vie.

Peut-être poserez-vous ce livre et partirez-vous faire une longue promenade pour être seul en sa compagnie. Peut-être que vous accorderez plus de temps à l'écoute qu'au chant dans votre groupe. Peut-être cesserez-vous de recopier des passages de la Bible et commencerez-vous à suivre Jésus (pensez-y, c'est important). Je veux faire couler vers vous cette rivière, non pour qu'on m'admire, moi, mais qu'on fixe notre regard sur Jésus.

Est-ce que tout se ressemblera ?

Mon petit-fils Max m'a récemment agrippé la manche pour me faire admirer l'étonnante construction qu'il avait réalisée avec un jouet bien connu, le Meccano. Cet objet existe depuis des décennies, et son père et moi avons tous deux réalisé de superbes constructions avec ce jouet de notre enfance. Chaque génération en a fait des variantes complètement différentes. Je n'avais aucune idée de comment fonctionnait le monde de Max jusqu'à ce qu'il me l'explique patiemment. Pourtant, et c'est là le plus important, le matériau de base était évidemment le même. La seule chose qui authentifiera ce que vous faites et marquera votre différence, c'est que votre source sera la même : le Père, source de toute vie.

Dans mon enfance, nous n'étions pas riches et nous n'achetions que des meubles bon marché. Ils semblaient bien au début, mais il fallait vite les remplacer et au final ils nous coûtaient plus cher qu'un meuble de bonne qualité. Ces meubles n'étaient pas bien en fait, et nous essayons maintenant de n'acheter que de la bonne qualité. Si nous avons une autre source que Jésus, nous introduirons dans notre vie un point faible qui finira par casser et ruiner l'ensemble.

S'il-vous-plaît, ne soyez pas trop religieux avec moi, gardez à l'esprit l'image que j'ai donnée d'un autre petit-fils, Boaz, et de sa tondeuse à gazon miniature. Gardez les yeux fixés sur Jésus, soyez simples, honnêtes, communicatifs et surtout, écoutez.

Les frères

Ah oui, impossible de quitter ce chapitre sans mentionner les frères de Jésus. Il semblerait qu'ils aient incité Jésus à se mettre en danger. Les gens n'essayaient pas seulement de contester Jésus, certains essayaient de le tuer. Pourtant, ses jeunes frères, dont il est dit qu'ils « *ne croyaient pas en lui* », voulaient qu'il monte à Jérusalem (v.1-5) OÙ ILS SAVAIENT QU'IL SERAIT ARRÊTÉ.

Quand j'étais petit, mes deux plus grandes joies n'étaient pas très sympathiques. J'avais deux grands frères qui vivaient à la maison. Le premier avait cinq ans de plus que moi et un jour, je l'ai fait trébucher sur l'angle aigu d'un mur. Ça a dû lui faire extrêmement mal, car il en a pleuré. Est-ce que j'ai eu pitié ? Non ! J'avais fait pleurer mon frère. En le regardant soigner sa tête qui saignait abondamment, je me vengeais de toutes les années de domination que j'avais subies de sa part. Mon autre grand frère, de quatre ans mon aîné, était la personnification de la patience et de la douceur. Quel fut mon plus grand plaisir de jeunesse ? Me réjouir des fruits de l'Esprit qu'il manifestait ? Pas du tout. Une fois, et je le répète, UNE seule FOIS, je lui ai fait perdre son sang-froid. Je cherchais souvent à l'agacer, comme seul un petit frère en a le secret, et un jour, j'ai enfin provoqué la réaction que je cherchais.

Vous serez heureux d'apprendre qu'en grandissant, j'en suis venu à aimer et honorer ces deux frères et à respecter et apprécier ce qu'ils apportent à la vie. J'aime me rappeler que Jacques, le frère de Jésus, fut l'un des premiers dirigeants de l'Église et qu'il écrivit un livre sur la façon de le suivre. Les choses évoluent. Faites attention à ce que vous pensez des chrétiens qui ont réussi, en particulier ceux qui sont proches de vous. Es-tu jaloux, critique ? Te réjouis-tu de leurs problèmes ? Dans ce cas, c'est toi qui as un problème. Demande pardon et cherche avec Jésus ce que tu peux faire pour être en bénédiction à cette personne !

Jean était couché mais il ne dormait pas. Il demandait à Dieu comment faire comprendre qui était Jésus à son fils autiste qui ne réagissait pas au langage. À ce moment-là, sa femme s'est retournée dans son sommeil et l'a entouré de son bras. Normalement, elle avait besoin d'espace pour dormir, et ne faisait jamais cela. Jean en a ressenti une profonde guérison par rapport à tous les évènements douloureux de ces dernières années. Il s'est rendu compte que, même si aucun mot n'avait été prononcé, il avait beaucoup reçu. Dieu n'avait pas besoin de mots pour parler. Son fils allait avoir la chance de connaître Dieu autant que n'importe qui d'autre.

Notre force c'est de dépendre les uns des autres dans la compréhension de la voix de Dieu.

Jean Chapitre 8

Ce n'est que ton opinion.

L'une des grandes barrières qui empêchent les gens d'entendre Dieu, c'est qu'on leur dit : « Ce n'est que ton opinion ». Cela se produit surtout lorsqu'on n'est pas d'accord avec quelqu'un, auquel cas on a tôt fait de s'entendre dire qu'on a tort, qu'on a des préjugés, qu'on est mal conseillé, et ainsi de suite. En grandissant, j'ai su comment argumenter. J'étais le huitième d'une portée de dix, et j'avais donc besoin de ce don particulier. Le noir pouvait être blanc si je l'avais décidé, peu m'importait tant que je gagnais la partie. Cette capacité à se moquer des éléments factuels pour faire valoir ses opinions s'est répandue actuellement dans pratiquement tous les domaines. Les médias sociaux y sont probablement pour beaucoup, et dans ce chapitre, Jésus semble s'attaquer au même problème.

Lorsqu'on évoque Jean chapitre 8, on se souvient surtout de l'histoire étonnante de la femme prise en flagrant délit d'adultère. On se pose d'abord une question très pertinente : où était l'homme ? En effet, impossible de « prendre » quelqu'un en flagrant délit d'adultère s'il est seul dans le lit. Qu'est-ce que Jésus dessinait sur le sable ? Quels étaient les péchés dont les gens se souvenaient ? J'ai entendu beaucoup d'excellents sermons sur le sujet et la phrase « que celui qui est sans péché jette la première pierre » fait encore partie du langage courant (v.1-8). Je vais aborder ce chapitre sous un angle différent, sous l'angle des disputes, des opinions personnelles et de leur capacité à nous détourner d'écouter Dieu.

Eh bien, à mon avis...

Je me demande parfois pourquoi, dans cet évangile tout à fait étonnant, Jésus discute si souvent avec les gens. Je comprendrais s'il était un politicien ou un fan de Manchester United comme moi, mais ce n'est manifestement pas le cas.

Qu'y a-t-il de si important à faire état de l'opinion des gens qui pensent qu'il était étranger, possédé par un démon, blasphémateur, dévoyé et ainsi de suite, au point de vouloir le tuer ? (v.59). La quasi-totalité de ce chapitre est consacrée à des argumentations, à l'exception cependant de quatre déclarations d'une grande puissance. Tout d'abord, lorsque Jésus dit à la femme prise en flagrant délit d'adultère : « *Femme, où sont tes accusateurs ? Personne ne t'a condamnée ? Moi non plus, je ne te condamne pas. Va et ne pèche plus* » (v.10 et 11). Deuxièmement, « *Je suis la lumière du monde. Celui qui me suit ne marchera jamais dans les ténèbres, mais il aura la lumière de la vie* » (v.12). Troisièmement, « *si vous retenez mon enseignement ... alors vous connaîtrez la vérité et la vérité vous rendra libres* » (v. 32) et enfin, « *si le Fils vous rend libres, vous êtes vraiment libres* » (v. 36).

C'est là que le bât blesse : chacune de ces déclarations étonnantes, plutôt que d'inciter les gens à l'adorer, l'écouter et le suivre, semble avoir suscité des disputes sur les raisons pour lesquelles il se trompait ! C'est vraiment déprimant.

Alors, que faire ?

J'ai toujours été étonné d'un aspect de ma relation avec les petits enfants. Dès qu'elle a commencé à parler, ma fille a manifesté une grande méfiance quant à mes capacités. Méfiance qui s'est transmise à la génération suivante : mes petits-enfants ne se gênent pas pour dire « ce n'est pas comme ça que ça marche, grand-père ». Méfiance qui ne se limite pas à ma progéniture. Étrangement, les petits enfants semblent douter de mes capacités. Ai-je l'air totalement incompétent ? Ou pire, suis-je effectivement totalement inepte et sont-ils les seuls à avoir l'honnêteté de le dire ? (Nous connaissons tous le petit enfant (moi y compris) qui dira en toute innocence : « Maman, pourquoi cette dame elle s'est mise une barbe ? ») Peut-être vaut-il mieux ne pas me confier des tâches importantes.

Comment aller de l'avant si l'on écoute Dieu mais que personne d'autre ne pense que c'est bien, ou même important ? Nous, les chrétiens, sommes-nous lassés des gens qui déclarent : « Dieu a dit, Dieu a dit », tout en menant une vie peu recommandable et déconnectée du monde dans lequel ils évoluent ? On en vient à se boucher les oreilles.

J'ai rassemblé trois critères pour nous aider à éviter d'avaler tout ce que nous entendons et pour comprendre vraiment la valeur de la voix de Dieu. Cela nous permettra de sortir du cadre des opinions et d'entrer dans un mode de vie vraiment guidé par l'Esprit.

- **Si ce sont les vraies paroles de Dieu, elles placent Jésus au centre.** Jésus affirme qu'il peut attester qu'il dit la vérité parce que, sans apporter plus de précisions, il est Dieu (v.14-18). Ce que vous entendez d'autrui et ce que vous apportez « de la part de Dieu » rend-il ou non hommage à Jésus ? Souvent, les prophéties qui confèrent au messager tant d'importance sont, au mieux, viciées et, au pire, trompeuses. On ne découvre ce qu'on doit faire, qui on est et où l'on va seulement lorsqu'on est centré sur Jésus. On trouve sa place quand on trouve la volonté de Dieu (Col. 1 :9-12) et qu'il soumet toutes choses à son fils, Jésus. Voilà le bon programme. Ne vous contentez pas d'un autre. (v.54 ; Éph. 1:22 ; Apoc. 11:15).

- **Y a-t-il des témoins ? Nous faisons partie d'un corps**. Es-tu le seul à y croire ou quelqu'un d'autre pense-t-il « oui, je vois ce qu'il veut dire » ? Jésus a dit que lui et son père constituaient les deux témoins (v.18) exigés par la loi juive. Je ne suis pas un grand rêveur. Ma femme m'assure que « les jeunes gens auront des visions et les vieillards des songes » (Joël 2:28) et que, par conséquent, j'aurais dû entrer dans le monde des « songes » et laisser de côté les « visions ». Certains de mes rêves se sont révélés d'une précision redoutable et ont débloqué des situations impossibles. D'autres avaient probablement plus à voir avec la fondue savoyarde dégustée la veille, sans plus. Cela ne me dérange pas. La Parole, « celui qui est de Dieu écoute les paroles de Dieu » (v. 47), m'est d'un grand réconfort. Ma communauté religieuse, mes amis ont été de grands témoins pour déterminer si c'était Dieu qui parlait... ou la fondue.

- **Est-ce que ça a marché ? Suivez le fruit** ... Dans Ésaïe, Dieu dit ceci : « *Il en va de même pour ma parole, celle qui sort de ma bouche: elle ne revient pas à moi sans effet, sans avoir fait ce que je désire et rempli la mission que je lui ai confiée* » (És. 55:11). Wow, quelle puissance lorsque Jésus dit dans ce chapitre : « *Je suis la lumière du monde. Jésus a dit, Celui qui me suit ne marchera jamais dans les ténèbres, mais aura la lumière de la vie* » (v.12). Des millions de personnes, dont moi, ont constaté que c'était vrai. Lorsque j'ai commencé à suivre Jésus, la lumière est entrée dans ma vie, me montrant le bon chemin et démasquant certains aspects moins positifs, tout en me donnant la grâce d'ajuster le cap (un travail qui se poursuit jusqu'à ce que je quitte ce monde !) J'ai prophétisé toutes sortes de choses à toutes sortes de gens au cours de ma vie. Certaines d'entre elles furent très importantes et exprimées devant des foules, d'autres l'ont été dans un moment de calme. Comment savoir si elles étaient justes ou non ? Elles se sont généralement concrétisées. Si ce n'était pas le cas, je m'excusais. L'humilité n'est pas un ennemi. Elle nous permet de rester à notre juste place, c'est-à-dire dépendants de Jésus.

Pour terminer...

L'une des raisons pour lesquelles certains d'entre nous s'inquiètent tant de savoir si c'est Dieu qui a parlé ou non, c'est que nous détestons avoir tort. Notre monde s'écroule et nous sommes humiliés. Je soupçonne l'orgueil humain d'être à l'origine de cette réaction. Des études ont montré que nous sommes très doués pour surestimer nos capacités, pour mettre en valeur ce qui est bon chez nous et pour cacher ce qui est mauvais. Les chefs religieux juifs avaient passé des années à parfaire leur compréhension de Dieu et de sa loi, avant que Jésus ne vienne y mettre un coup de bulldozer. Rien d'étonnant alors qu'ils se soient braqués. Rien d'étonnant à ce que nous fassions de même !

Puis-je vous rappeler l'âne de Balaam qui a parlé au prophète (Nbr. 22:21-39) ? Si vous prononcez la parole de Dieu, vous êtes actuellement au même niveau qu'un âne. Ne soyez pas stressé, vous n'êtes qu'un « serviteur inutile », comme l'a dit Jésus avec sagesse (Luc 17:10).

Dieu nous a conçus pour former un corps, et nous ne pouvons fonctionner que si nous sommes un corps. Par conséquent, sachez au plus profond de votre être que vous avez BESOIN des autres membres de votre famille chrétienne pour comprendre pleinement la voix de Dieu. Fondamentalement, nous sommes conçus pour former un corps (1 Cor. 12 en donne une explication complète), donc si nous n'agissons pas dans nos vies comme faisant partie d'un seul corps, nous nous tromperons. Il n'y a pas de place pour le « penseur indépendant », si vanté dans notre culture occidentale.

Notre humble dépendance mutuelle de la compréhension de la voix de Dieu est notre force et notre sécurité.

En recherchant ensemble les paroles vivifiantes de Jésus, nous trouverons la volonté de Dieu et le chemin qu'il a tracé pour nous.

Ben avait connu une période difficile. Les difficultés professionnelles qu'il rencontrait année après année le rendaient amer. L'histoire de Joseph dans la Bible l'a vraiment marqué et il a senti que le rôle de maintenir son monde en vie pendant une famine était un rôle dont Dieu lui parlait. Il ne savait pas pourquoi, mais il était sûr que Dieu lui parlait.

Le Covid a frappé. Il a dévasté le secteur du tourisme, le monde des affaires dans lequel il était impliqué mais Dieu avait déjà donné à Ben la marche à suivre.

Dieu est fidèle à sa parole et il y a « toujours assez » de ressources, non seulement pour maintenir tout le monde à son poste, mais aussi pour payer toutes les entreprises et les personnes qui dépendent de son entreprise.

Non seulement Dieu avait parlé, mais ses paroles avaient donné vie à de nombreuses autres personnes.

Si nous existons dans ce monde, ce n'est pas pour l'améliorer mais surtout pour faire sa volonté.

Jean Chapitre 9
Les pâtés de boue, c'est du boulot

Nos enfants adoraient faire des pâtés de boue lorsqu'ils étaient petits. Les mains sales, les vêtements tachés et les inévitables piles de linge ne les préoccupaient pas. Ils avaient déjà vu les publicités qui prétendaient que la saleté était facilement éliminée par le dernier produit de nettoyage, alors pourquoi s'inquiéter ? C'était le travail de leurs parents.

Attendre le bon moment

Le miracle que Jésus accomplit ici est très inhabituel. Il fait aussi des pâtés à la boue. Pourquoi ? Eh bien, j'ai entendu différentes théories à ce sujet, et vous serez heureux d'apprendre que je ne vais pas vous infliger la mienne, si ce n'est que je l'aime car elle montre que Dieu n'a pas peur de se salir les mains. Non, aujourd'hui, je veux souligner l'étrangeté de ce miracle ; tellement étrange qu'il nous enseigne avant tout à NE PAS suivre de formules, mais à écouter la direction de l'Esprit Saint.

La préparation d'un pâté de boue ne figure dans aucun manuel à ma connaissance. Lors de nombreuses sessions, j'ai reçu une formation sur la façon d'être un pasteur, un mari, un père, sur l'évangélisation et sur presque tous les thèmes chrétiens imaginables. Oui, on retire des enseignements utiles de ces sessions (comme d'essayer d'écouter sa femme, pour une fois !), mais, quelle que soit la situation, cela ne peut et ne doit jamais remplacer de se mettre toute affaire cessante à l'écoute du Saint-Esprit. J'ai appris, dans les moments difficiles où, avec ma femme, nous n'arrivions pas à nous mettre d'accord sur un point, combien il est bénéfique de demander l'avis du Saint-Esprit sur-le-champ. La direction de Dieu à ce moment-là implique souvent de ma part de prononcer le mot « désolé » (je sais, c'est bizarre, n'est-ce pas ?), mais il a si souvent résolu notre désaccord et nous a permis d'aller de l'avant de manière constructive !

J'aime la parole de Dieu et j'aime aussi être pasteur. Je ne suis pas évangéliste, mais ces passions qui m'animent débordent sans cesse et touchent des personnes qui ne connaissent pas encore Jésus. Comment me préparer à ces moments ? Bien sûr, je fais provision de paroles de Dieu et de ce qu'elles disent de lui et de son incroyable nouvelle. Cependant, j'ai aussi appris à m'attendre à ce que Jésus agisse de façon différente, quelle que soit ma situation, et j'ai donc appris à toujours lui demander : « Que dois-je faire dans ce cas ? »

C'est lui qui dit, « fais ceci » ou « fais cela », ou souvent « contente-toi de les aimer » ou « ne dis rien ». N'allez pas vous imaginer que dans ces moments-là je me mette dans des conditions bizarres, comme dans une sorte de transe. Simplement, j'ai besoin d'une oreille constamment ouverte. Je lance la prière : « Seigneur, veux-tu que je fasse quelque chose ici ? » Après tout, je suis son serviteur, et c'est ainsi que se comportent tous les serviteurs.

Entendre correctement

Mon deuxième enfant, Josh, était un enchantement, mais il lui arrivait parfois de ne pas suivre les directives à la lettre. Vers l'âge de huit ans, il avait subi des brimades assez intenses à l'école. Malgré plusieurs visites aux enseignants, cela n'avait pas cessé. J'ai donc entrepris un week-end de lui donner une formation d'auto-défense. Nous ne pouvions pas laisser sa vie scolaire à la merci des brimades, n'est-ce pas ? Ne vous méprenez pas, je ne suis pas adepte des arts martiaux, il s'agissait d'une formation de base. J'espérais que cet entraînement suffirait à mettre un terme à ces absurdités. Le jour de la rentrée scolaire, ma femme a reçu un appel nous invitant à aller voir le directeur de l'école.

« Ah ! enfin, les brimades ont cessé », me suis-je dit, « quelle bonne nouvelle ! »

Eh bien, oui et non. Les brimades avaient certes cessé ce jour-là, mais pas tout à fait comme nous l'avions prévu. Apparemment, notre fils était entré dans l'école, s'était approché de son bourreau et lui avait asséné un violent coup de poing en pleine figure.

« Ce genre de comportement n'est pas acceptable », déclara le directeur de l'école.

« Pas plus que les brimades », ai-je répondu, irrité par sa partialité, « et pourtant rien n'a été fait pour y mettre un terme ».

J'en ressentit un plaisir secret, mêlé de confusion. Il s'était défendu, mais je sais que nous ne lui avions jamais dit de frapper son harceleur. Qui ne l'a, d'ailleurs, plus jamais harcelé.

Si l'on n'écoute pas Jésus correctement, on risque certes de faire seulement une partie de ce qu'il a dit, mais aussi de passer à côté de la plaque. Peut-être aurions-nous simplement fait des pâtés de boue ; peut-être aurions-nous simplement envoyé l'homme à la piscine de Siloé. Si Dieu veut nous utiliser pour dénouer une situation, nous devons savoir quoi faire, quand et comment.

Écouter et obéir n'est pas seulement crucial : cela donne aussi à ses disciples l'assurance qu'il est là, au cœur même de la situation. La bonne nouvelle, c'est que ses voies sont les bonnes et que même ce qui n'est pas clair l'est en fait pour une bonne raison. Nous y reviendrons dans le prochain chapitre.

La réponse

La Bible est truffée de passages sur l'importance de plaire à Dieu plutôt qu'aux hommes, et cela se retrouve quatre fois dans Jean (5:30 et 44 ; 8:29 ; 12:43). Jésus ne cherchait pas l'approbation des hommes, mais celle de son Père. Dans notre mariage, nous avons constaté que plus nous nous efforçons de plaire à Dieu, plus notre vie commune s'améliore. Il est la véritable source de la joie et de la paix dont nous avons tous besoin.

Il suffit de regarder la réaction à ce miracle exceptionnel. Voici un homme qui n'avait jamais vu la lumière du jour. Il était physiquement aveugle dans une culture où les gens étaient persuadés que son problème était imputable à son péché ou à ceux de ses parents (nous commettons parfois l'erreur de sombrer dans pareille aberration, n'est-ce pas ?) L'homme avait été réduit à la mendicité (v.8) et il n'avait rien à attendre de sa vie.

Le miracle lui-même ne ressemble pas aux autres décrits dans les évangiles. Jésus fit des pâtés de boue avec sa salive, la mit sur les yeux de l'homme et lui demanda, toujours aveugle, d'aller se laver dans une piscine (j'espère qu'il avait des amis), et alors seulement, merveille des merveilles, il obtint une vision parfaitement claire et complète. J'ai vu des gens guéris du cancer, de malformations et d'autres maladies impossibles, mais je n'ai jamais vu guérir un aveugle de naissance. Extraordinaire !

Cette guérison s'est produite un jour de sabbat. Bien sûr. Pourquoi Dieu voudrait-il le faire un autre jour, alors qu'il pouvait taquiner les religieux ? Pourquoi ne pas faire éclater son royaume un jeudi ? Moi, je ne l'aurais pas fait pendant le sabbat pour ne pas créer de problème, mais pas le Père, oh non ! Comme on dit dans le monde de la boxe, Dieu visait quelque chose de plus grand que cette guérison, aussi puissante qu'elle ait été. Il avait deux autres objectifs.

Est-ce que vous m'avez bien compris ?

Les avis religieux étaient partagés. Certains savaient que Jésus ne pouvait pas venir de Dieu parce qu'il avait enfreint les règles du sabbat (v.16). D'autres ont été frappés de toute la puissance de cette guérison et ont compris que seul Dieu pouvait l'avoir accomplie (v.16). Veillez à ce que vos « règles », c'est-à-dire ce que vous comprenez de Dieu et de la vie, n'excluent pas Jésus lorsqu'il se présente. C'est une triste réalité que, souvent, les œuvres les plus récentes de Dieu qui se déroulent quelque part sont combattues avec acharnement par d'autres chrétiens du coin.

Lorsque vous et votre groupe verrez, ferez et expérimenterez l'incroyable, ne pensez pas que tout le monde sera aussi emballé que vous. Ne pensez pas qu'ils se mettront tous à suivre Jésus pour autant. Vous allez en énerver plus d'un, surtout les religieux. C'est assez difficile à accepter, mais nous, la famille de Dieu, sommes dans le monde non seulement pour le rendre meilleur, mais aussi pour faire la volonté de Dieu (5:19 ; 6:38). Dieu divise (Matt. 10 :34-35). Les miracles sont un signe. Ceux que vous ferez seront pour certains un appel à croire et à suivre Jésus. Pour d'autres, ce sera simplement le témoignage qu'ils n'étaient pas attentifs quand Dieu est venu frapper. Nous n'avons pas à décider de ces questions, c'est le travail de Dieu seul, mais c'est néanmoins vrai. C'est pourquoi il est si, si important de faire ce qu'il dit.

L'homme guéri en mission

Nous ne savons pas exactement ce qui est arrivé à cet homme guéri. Nous savons que Jésus a entendu dire (v.35) qu'il avait défendu son guérisseur alors que même ses parents avaient tenté d'étouffer l'affaire. Nous savons qu'il a vraiment irrité les Pharisiens et qu'il a été expulsé, non seulement de cette réunion, mais aussi de la synagogue, et de façon permanente (v.22).

Cependant, le plus important, c'est que Jésus l'a trouvé et lui a dit qui était le Fils de l'homme (v.35-37). Cet homme est devenu un adorateur (v.38) et, vu que la piscine de Siloé signifie « piscine des envoyés », l'obéissance dont il a fait preuve pour obtenir sa guérison et son courage devant les autorités montre, à mon avis, qu'il a été choisi par Dieu pour être un puissant messager de la bonne nouvelle de Jésus.

Nous ne savons pas pourquoi Jésus agit comme il le fait, mais nous savons qu'il a dit : « *Je bâtirai mon Église* ». (Matt. 16:18). Nous devons le laisser faire à sa manière, aussi bizarre que cela puisse paraître. Pour cela, nous devons être à l'écoute, même s'il s'agit de pâtés de boue.

Dans le prochain chapitre, nous verrons que ce n'est pas seulement possible mais que c'est votre privilège naturel de disciple de Jésus.

Arielle avait cinq ans. C'était l'anniversaire de sa tante. Elle voulait lui faire une carte, car elle adore dessiner. Dieu lui inspira de dessiner une belle pomme. Lorsque sa tante l'a reçue, elle a téléphoné et s'est exclamée avec enthousiasme : « C'est incroyable, nous venons justement de planter 12 pommiers ! »

Ce jour-là, Arielle a su que Dieu voulait utiliser son art pour parler aux gens. Elle n'est encore qu'une enfant, mais nombre de ses œuvres ont déjà été diffusées.

On croit parfois, mais cela conduit-il à suivre Jésus ?

Jean Chapitre 10

Je reconnais la voix de *Mon* berger

Nous arrivons ici au cœur de ce livre étonnant, et peut-être au cœur du message concernant l'écoute.

Daisy

J'ai mis au point quelques ordres simples pour notre chienne Daisy. Un coup de sifflet même de très loin, alors qu'elle joue avec d'autres chiens du village, suffit à la ramener à la maison. Le chien de la famille de mon fils, Rocky, un malamute, trottine alors souvent à sa suite. Peut-être reconnaît-il aussi l'autorité que j'exerce ou, plus probablement, il sait que la probabilité d'obtenir un biscuit pour chien est élevée. Quoi qu'il en soit, ils reconnaissent ma voix et viennent. Les autres chiens continuent à jouer. Ils ne me reconnaissent pas et ne s'en soucient guère.

Pourquoi mon sifflet fait-il courir Daisy vers la maison ? Elle *sait* que c'est moi. C'est notre chienne. Nous l'avons achetée et accueillie dans notre maison. Nous la nourrissons, la promenons, la caressons et jouons avec elle. J'ai vu Daisy quand des étrangers l'appellent, elle ne les reconnaît pas. Elle va peut-être aller les voir si elle pense qu'il y a une partie de baballe à faire, mais sinon, ils ne présentent pour elle guère d'intérêt. Elle connaît d'autres personnes dans la meute, d'autres membres de la famille et des amis de longue date, et elle ira leur dire bonjour avec sa petite queue frétillante à toute vitesse, mais Daisy est notre chienne. Elle sait où est sa maison.

Entendre son nom

Ce « sifflet » est l'essence même de votre capacité à entendre la voix de Dieu dans votre vie. Vous lui appartenez (v.29), vous lui avez été donné par le Père. Lorsque vous étiez « mort dans vos péchés », c'est LUI qui vous a rendu la vie, ce n'est pas vous qui l'avez fait (Éph. 2:5). Il t'a acheté et t'a placé dans sa famille. Il te nourrit, te fait faire de l'exercice (tu te souviens des jours de galère ? En fait, c'était sa façon de nous entraîner), il joue avec toi et il t'aime comme personne d'autre ne le fera ou ne pourra jamais le faire. Tu lui appartiens à 100 %.

Oui, tu connaîtras les autres membres de la « meute », tu reconnaîtras souvent un détail chez eux et tu les accueilleras en remuant frénétiquement la queue. Je pleure souvent la première fois que j'entends des gens vénérer Dieu dans un autre pays. Mon cœur bat, « ils ont le même propriétaire, je le sens ». Chaque tribu, chaque langue et chaque nation aura ses brebis en son sein ! La voix d'un étranger n'aura pas le même effet sur vous.

Soyez à l'écoute du sifflet. Daisy semble toujours avoir une oreille dressée, prête à accourir dès que nous sifflons. Gardez vos oreilles ouvertes à sa voix, il vous a conçu pour l'entendre. C'est là votre maison.

Pourquoi n'entendons-nous pas ?

« C'est bien beau », dites-vous, « mais je n'ai pas l'impression de l'entendre, du moins pas que je sache ».

Le mot « croire » est crucial dans ce processus. Il est utilisé 85 fois dans l'évangile de Jean et il ne s'agit pas d'un simple terme banal, sans grande importance. C'est la chose la plus importante qui vous permettra d'entendre clairement sa voix. Daisy ne devient pas religieuse quand je siffle. Il lui arrive d'être irritée de devoir arrêter un jeu ou par contre enthousiaste à l'idée qu'on va faire un truc plus amusant ; ça n'a pas d'importance, c'est tout simplement naturel. Elle croit simplement en moi, et cette croyance suscite une foi synonyme d'obéissance. Croyez que lorsque Jésus vous parle, cela fait naturellement partie de votre vie quotidienne, et qu'il ne s'agit pas d'une expérience religieuse étrange que vous avez montée de toutes pièces. Il est très important de comprendre que Jésus est notre bon berger et que nous entendons sa voix. Ce n'est pas de la théorie. C'est comme lorsqu'on t'appelle pour passer à table. Tu crois, et tu prends donc la direction de la table et tu t'y assoies. Tu crois à l'appel et tu as la foi que tu vas manger si tu viens. Cela te fait agir. Miam miam !

Tu reconnaîtras que c'est Jésus. Tu le connaîtras autant qu'il te connaît (v.14). Oui, ceux qui ne le connaissent pas encore autour de toi penseront que tu as perdu la tête, que tu es juste bon à être enfermé dans l'hôpital psychiatrique le plus proche (v.20), mais cela reste vrai – le disciple de Jésus entend sa voix.

Alors, qu'est-ce qui nous empêche d'avoir confiance en sa voix ? Voici cinq pistes de réflexion :

1. Nous craignons l'opinion de ceux qui nous prennent pour des fous. Cela peut venir de l'intérieur ou de l'extérieur de la famille. Nous jouons la carte de la sécurité. Nous essayons d'en dire le minimum sur le Saint-Esprit qui nous parle afin de ne pas trop passer pour des fous. Soyons raisonnables, ne passons pas pour des fous ! Dans ce chapitre, Jésus affirme qu'il est capable de donner la « vie éternelle » (v.28), que lui et son Père (Dieu) sont un (v.30). Il a dit qu'il était « dans » le Père et que le Père était « en » lui (v.38). C'est de la folie ? C'est blasphématoire ? Il n'a pas hésité à le dire, et nous ne devrions pas hésiter non plus.

2. Nous sommes trop occupés pour écouter. Nous sommes tellement occupés que nous n'avons pas le temps d'écouter. C'est un énorme problème dans un monde dominé par les médias sociaux, où le simple fait de s'asseoir deux minutes aux toilettes peut vous entraîner dans de multiples discussions et situations avec des gens venant de partout. (J'admets avoir commis l'erreur de mettre accidentellement un appel sur « vidéo » alors que j'étais aux toilettes !) Pratiquez des moments de silence chaque jour. Rangez votre téléphone, partez vous promener, allongez-vous sur votre lit et restez silencieux, faites tout ce qu'il faut pour créer cet espace.

3. Nous avons peur de nous tromper. Jésus a appelé ses brebis « par leur nom », mais il les a fait sortir (v.3). Oui, vous aurez votre moment de gloire lorsque vous entendrez votre nom (je suis impatient de connaître cela), mais les autres brebis autour de vous devraient entendre leur nom et se diriger dans la même direction. Il y a un seul troupeau et un seul berger (v.16). Au paradis, on n'aura pas le choix entre plusieurs trônes autour desquels se réunir pour adorer ! Oui, Dieu a un appel pour beaucoup d'entre nous. Cela nous emmène dans des situations différentes, mais c'est une seule et même voix à laquelle on répond tous.

Si tu te retrouves seul dans une situation délicate, tu n'es peut-être pas dans la partie du troupeau qui t'incombe. En réalité, tu es une « pierre vivante », insérée dans une maison spirituelle (1 Pi. 2:5) et tu as besoin de t'adapter aux autres qui t'entourent. J'ai construit des murs de pierre dans mon jardin. Cela prend du temps, mais c'est tellement plus solide et plus intéressant que des briques.

Demandez à Jésus de vous mettre à la place qui vous convient. Cherchez-le. Cela ne veut pas dire que vous serez toujours d'accord, loin de là. Tu reconnaîtras simplement que tu es chez toi, que c'est ta famille. À l'âge de 18 ans, je suis entré dans une église où je n'étais jamais allé auparavant. C'était pendant un culte et j'ai su que c'était la maison que Dieu avait préparée pour moi à cette étape de ma vie. C'est avec ces personnes que j'ai pu apprendre à entendre sa voix sans inquiétude. Souvent, je me trompais, de plus en plus souvent je me trompais ! Et j'ai ainsi appris à le reconnaître.

4. Nous avons été blessés par des personnes qui prétendent parler au nom de Dieu.

L'essentiel ici, c'est que « mes brebis entendent ma voix ». Il est juste de prendre le temps de vérifier si quelqu'un vous dit qu'il parle de la part de Dieu (y compris ce livre). Beaucoup de gens prétendent parler au nom de Dieu, et certains d'entre eux ne sont rien d'autre que des voleurs ou des brigands (v.1). Ils sont plus intéressés par le pouvoir, le contrôle et la gloire personnelle que par les brebis qui grandissent pour connaître Jésus. Je prophétise beaucoup et je connais donc les tentations de ce genre. Trois conseils :

1. Observez les fruits de la vie de cette personne. Si vous n'en voyez pas, la prudence s'impose (v.12 & 25).
2. Vérifiez si ce qu'elle dit est en accord avec la parole de Dieu. C'est comme un fil à plomb qui nous garde en sécurité (v. 35).
3. Demandez-leur s'ils ont à cœur les personnes auxquelles ils « prophétisent » ou si ce sont des « mercenaires » (v.11 et 13).

5. Nous ne sommes pas encore « ses » brebis. (v.26) Nous pouvons « croire », mais cela nous a-t-il conduits à suivre le berger ? Reconnaître vaguement l'existence de Dieu ne fait pas de vous l'une de ses brebis. Cela implique, comme pour ses disciples ici, de tout quitter pour le suivre (Matt. 19 :27). C'est une attitude de cœur qui rend prêt à faire tout ce qu'il demande. C'est cela suivre. C'est la brebis qui entend sa voix.

Si vous n'êtes pas sûr, priez dès maintenant : « Seigneur, je veux être l'une de tes brebis, je veux que tu me conduises ».

Finalement, à quoi sert l'écoute ?

Qu'arrive-t-il aux brebis qui écoutent dans ce chapitre? Cinq promesses fantastiques :

- elles suivent Jésus qui les précède (v.4).
- elles trouvent une bonne nourriture (v.9).
- elles sont en sécurité (v.2 & 3).
- elles reçoivent une vie abondante, et cela pour l'éternité (v.10 & 28).
- elles reçoivent un berger qui donnera sa vie pour eux (v.13 & 15).

Enfin

Les loups sont de plus en plus nombreux dans notre région et l'un des grands reproches des bergers à leur encontre, c'est qu'ils effraient leurs brebis. Si un loup tourne autour d'une bergerie la nuit, de nombreuses brebis seront stressées et feront des fausses couches. Les bergers locaux n'aiment pas les loups ! Les moutons semblent être des proies faciles, ils paniquent rapidement. Bienvenue à l'Église ! Elle a vraiment besoin d'un bon berger qui sait ce qu'il fait.

Et juste une dernière pensée : n'oubliez pas que ce n'est pas tout le monde qui croyait que Jésus était possédé par un démon, au prétexte qu'il était peu probable que quelqu'un d'aussi étrange puisse faire des choses aussi merveilleuses. Veillons à faire des choses « merveilleuses » qui attirent ceux que Dieu appelle et qui donnent une bonne image de Jésus. Veillons à être une bénédiction à l'endroit où il nous a placés !

Davey et Asha effectuaient un voyage autour du monde. Ce fut un périple mouvementé mais agréable. Ils étaient sur le point d'entamer la dernière étape de leur voyage, un séjour de cinq semaines en Jamaïque, lorsque Dieu leur a dit : « Rentrez chez vous ».

Ils ont fait ce qu'il leur a dit. Quelques semaines plus tard, le père d'Asha, qui dirigeait la petite entreprise familiale avec sa femme, fut victime d'une attaque cérébrale. Le problème était grave, car de nombreuses personnes avaient réservé leurs vacances par l'intermédiaire de l'entreprise et les problèmes qui s'en seraient suivi auraient été énormes.

Davey a immédiatement compris pourquoi Dieu l'avait rappelé. Il a tout pris en charge et, bien qu'Asha et lui soient passés à autre chose, l'entreprise est toujours florissante aujourd'hui.

Quand on écoute d'abord plutôt que d'agir tout de suite, ce qu'on fait est parfois contre-intuitif.

Jean Chapitre 11

Écouter, c'est parfois ne rien faire

Mon fils Ben adore se rendre au sommet d'une montagne et, apparemment, ne rien faire. Il quitte son lit à 2h30, grimpe au sommet d'une de nos montagnes locales et reste assis à attendre avec Rocky, son fidèle chien. Il attend souvent longtemps.

Finalement, dans l'obscurité froide et glacée, pointe une lueur et il sort son appareil photo. Il prend alors quelques-unes des photos les plus époustouflantes de l'aube sur notre chaîne de montagnes. Je n'aime pas attendre, je n'ai jamais fait comme lui. Je serais plus enclin à me rendre au café du coin pour y déguster un café et un croissant qu'à attendre en haut d'une montagne. Par conséquent, mon stock personnel de photos de l'aube sur les Alpes est vide et je me contente de voler les siennes.

Dieu nous dit parfois d'attendre alors que nous préférerions nous mettre en route et agir. Il attend ce moment crucial. Nous ne le comprenons pas.

Dans ce chapitre, Jésus a écouté attentivement son père et cela signifiait ne rien faire (v. 6), alors même qu'un ami proche était en train de mourir. Eh oui, l'ami Lazare est mort. Cela a déconcerté et frustré toutes sortes de gens, comme ses disciples et les amis du voisinage qui l'avaient vu faire de nombreux miracles. Cela a brisé le cœur des sœurs du défunt.

Deux mots

Au final, deux mots ont suffi : « Lazare, sors ! » (v.43). Lazare s'est levé et, aidé par les gens qui lui enlevaient ses bandelettes funéraires, il a repris sa vie, comme avant. Je dis « comme avant », mais j'ai idée qu'il n'a plus jamais été le même.

Quatre jours après la mort, le corps commence le processus d'autolyse. La peau se décolore, les ballonnements causés par la décomposition initiale s'effondrent et les fluides sont libérés du corps. C'est pourquoi nous sentons si mauvais. Marthe, la sœur, savait (v.38).

Dans ce contexte de deuil et de perplexité, où nous aurions crié, comme Marthe, une de ses sœurs, « *si tu avais été là, mon frère ne serait pas mort* » (v.21), des choses étonnantes se sont produites.

Jésus avait dit : « *Cette maladie ne se terminera pas par la mort. Non, c'est pour la gloire de Dieu, afin que le Fils soit glorifié par elle* » (v.4) et il avait bien raison. Examinons-en quelques-unes :

- Les disciples sont devenus prêts à suivre Jésus n'importe où (v.8 & 16).
- Les disciples ont appris à quel point il était important d'obéir à Dieu plutôt que de se laisser dominer par la peur ou de passer à un autre objectif (v.8, 9 & 10).
- Jésus dit : « *C'est moi qui suis la résurrection et la vie. Celui qui croit en moi vivra, même s'il meurt ; et toute personne qui vit et croit en moi ne mourra*

jamais. Crois-tu cela ? » (v.25, 26). Ce verset a aidé des millions de personnes au cours des siècles.

- Un miracle incroyable s'est produit, qui a amené un grand nombre de personnes à croire en lui. (v.45 et chap. 12:9-11).

Je n'ai aucune idée de la manière dont Dieu a pu reconstituer un corps en décomposition. Je suppose donc qu'il doit être ***tout***-puissant !

Écouter avant d'agir

Tout cela est arrivé parce que Jésus a écouté. Lorsque nous écoutons plutôt qu'agir, nous ne faisons pas toujours ce qui est le plus évident. Nous risquons d'aggraver la situation et d'être critiqués pour avoir agi de la sorte. Même si c'est parfois difficile, ne rien faire est la meilleure solution. Avec Dieu, les résultats valent la peine qu'on les attende. Je l'ai vu si souvent dans ma vie.

Mon jeune neveu s'est écrié « la patience, c'est de la foutaise ! » lorsqu'on lui a dit qu'il devait attendre avant de pouvoir ouvrir les cadeaux. Sa mère lui a dit : « Sois patient », ce qui a provoqué ce cri désormais célèbre. Il avait raison, bien sûr. La patience, bien que très appréciée dans les Écritures, est l'une des valeurs les plus difficiles à assimiler. Elle touche au cœur de la personne à qui l'on fait vraiment confiance et à la raison pour laquelle on fait ce qu'on fait. Du point de vue de Dieu, c'est un excellent outil de formation pour nous rapprocher de lui.

Prions et écoutons davantage. Apprenons à agir selon les ordres de Dieu, même si cela nuit à notre réputation. Nous apprenons qu'en fin de compte, c'est lui qui contrôle nos vies et nos circonstances.

Si un cœur est fermé à Dieu

Je suis stupéfait par ce miracle. Si vous vouliez une preuve que Dieu est plus grand que tous les problèmes que nous pouvons rencontrer, c'était celle-là. Cependant, je suis encore plus étonné par le cœur qui dit en réponse à ce miracle : « Oh non ! Maintenant, il va falloir tuer Lazare aussi ! » (v. 53 ; 12:10).

Qui étaient les opposants à Jésus ? C'étaient des gens qui essayaient de suivre un chemin difficile en conservant les traditions juives tout en évitant de tomber dans les filets des Romains (v.48). Ils pensaient contribuer à préserver leur nation. En fin de compte, c'est ce qu'ils ont fait. S'ils n'avaient pas été aveugles au point d'essayer de tuer l'homme qui avait accompli des miracles si étonnants, Jésus n'aurait jamais été crucifié et vous et moi ne serions pas ici aujourd'hui : nous, des personnes pardonnées.

Même le souverain sacrificateur n'a pu s'empêcher de prophétiser : « *...il est dans notre intérêt qu'un seul homme meure pour le peuple et que la nation tout entière ne disparaisse pas* » (v.50 et 51). Nous ne pouvons pas espérer que les grandes œuvres de Dieu plaisent à tout le monde, mais cela ne doit pas vous empêcher d'attendre, d'écouter et d'agir. Un grand nombre de personnes viendront à lui si nous en avons le courage (v.45).

Même l'opposition la plus violente est utilisée par Dieu pour servir ses desseins. Je sais que cela n'excuse pas nos actions, mais cela montre que rien, oui rien, ne peut contrecarrer la volonté de Dieu (Job 42:2).

Cela devrait être un grand encouragement lorsque nous suivons Jésus là où il nous conduit et que nous faisons ce qu'il a ordonné. Oui, cela peut nous coûter la vie, mais même la dureté du cœur des gens n'arrête pas Dieu. J'aime lire, dans le livre suivant de la Bible, que de nombreux prêtres sont devenus obéissants à la foi (Actes 6:7). Certains des opposants les plus endurcis deviennent des disciples.

Josh, 19 ans, venait de s'installer définitivement en Suisse. Sa connaissance de la langue locale était nulle. Lors d'une conférence, les responsables l'ont invité à monter sur scène et à partager tout ce qu'il sentait que Dieu lui donnait.

C'est ce qu'il a fait, dans un anglais magnifique, bien sûr. Le public s'est mis à rire. N'ayant aucune idée de ce qui s'était passé auparavant, il a découvert qu'il avait prononcé exactement la même parole qu'une dame qui s'était exprimée en allemand juste avant lui, jusque dans les expressions.

Un homme assis dans l'assistance lui a confié plus tard que, même si ce que la femme avait partagé lui avait parlé, il n'était pas sûr que cela vienne de Dieu.

Ce que Josh avait écouté et partagé aux autres lui a donné raison à lui plutôt qu'à cet homme.

Tout ce que je dis, c'est ce que le Père m'a dit de dire (v. 50).

Jean Chapitre 12

Des mondes différents

Ce chapitre est l'un de ceux qui font planer la menace d'une épée sur la population humaine. Dans un autre récit de la vie de Jésus, Matthieu rapporte qu'il a dit : « *Ne croyez pas que je sois venu apporter la paix sur la terre. Je ne suis pas venu apporter la paix, mais l'épée* » (Matt. 10:34). Nous le voyons ici dans une réalité aveuglante. Un message est envoyé au monde entier, mais Jésus dit clairement au verset 48 que les paroles mêmes qu'il a prononcées seront utilisées pour condamner les personnes qui refusent de croire. Cela nous semble contre-nature.

Mon père était très franc lorsqu'il n'était pas d'accord avec quelqu'un et il le faisait savoir à tout le monde chez nous. Je ne sais pas pourquoi, mais cela poussait ma mère à toujours vouloir justifier le coupable. Même s'il était prouvé sans l'ombre d'un doute qu'on avait effectivement commis une grosse bêtise, elle sortait une phrase qui est restée dans notre famille jusqu'aux générations suivantes ... « mais ils ont beaucoup d'autres points positifs ». Il faut le dire avec l'accent allemand (son pays d'origine) pour en saisir tout l'effet.

Elle entendait par là donner une justification à tous ceux qui étaient là, mais ses enfants, moi y compris, nous en servions généralement comme un compliment à l'envers. Si ma sœur avait fait quelque chose que je jugeais stupide, je le lui faisais savoir avec joie en déclarant : « Ne t'inquiète pas, tu as beaucoup d'autres points positifs ! » Aïe !

Ce n'est pas ce que Jésus disait ici. Les paroles mêmes qui ont apporté la vie éternelle à certains (v.50) entraînent une condamnation définitive pour d'autres (v.48).

D'une certaine manière, ma mère avait raison de croire au meilleur en chacun. Jésus a dit qu'il n'allait pas juger, que c'était à Dieu de le faire (v.48). Cependant, ce qu'il est important de noter, c'est qu'il a simplement dit ce que son père lui avait ordonné de dire (v.49).

Notre travail, pour ainsi dire, est de jeter la semence aussi loin et aussi largement que possible. Nous apportons le royaume de Dieu dans autant de situations que possible. C'est à Dieu seul de juger de l'accueil qui lui est réservé, et non à nous.

Les amis de Jésus

Voici Jésus en train de prendre un repas avec des amis. Peu de choses sont plus agréables dans la vie. Tout à coup, Marie, qui avait été très contrariée parce que Jésus avait laissé mourir son frère (11:32), se met à déverser sur les pieds de Jésus ce qui était probablement le bien le plus précieux qu'elle possédait. Le nard était l'un des produits les plus chers de l'époque. Il provenait de l'Inde et devait subir un processus long et coûteux pour devenir un parfum. Il représentait environ un an de revenu pour un ouvrier et était généralement réservé pour une occasion très spéciale, comme un mariage.

L'occasion spéciale d'aujourd'hui, c'est l'homme qui a non seulement ramené son frère d'entre les morts, mais qui l'a aussi aidée à comprendre qu'il était le Fils de Dieu, qui l'aimait et qui se donnerait pour elle.

C'est lui, et non le parfum coûteux, qui était ce qu'elle avait de plus précieux dans la vie.

Un parfum habituellement destiné à la tête des dignitaires et des rois était versé sur des pieds fatigués et usés. Ses cheveux, qui faisaient la gloire de la femme à l'époque, servaient à essuyer des pieds poussiéreux.

Il ne s'agit pas d'un simple témoignage de l'immense estime qu'elle avait de lui, mais d'une preuve d'humilité devant la grandeur de Jésus. Elle donnait son bien le plus précieux et utilisait sa gloire personnelle pour honorer l'homme qu'elle aimait.

Et c'est là l'essentiel

C'est l'action que Jésus a insufflée à ses disciples. Avait-il besoin de louanges ? Pas le moins du monde, mais, comme il le dit plus tard, lorsque vous abandonnez votre vie pour le suivre, vous l'avez trouvé.

Qu'est-ce que cela signifie ? J'ai trouvé cette citation utile sur le site web « *Desiring God* » de John Piper (https://www.desiringgod.org/articles/how-to-hate-your-life)

Si les hommes parlent de vous en bien, cela n'a pas beaucoup d'importance.

S'ils vous détestent, cela n'a pas beaucoup d'importance.

Si vous avez beaucoup de biens, cela n'a pas beaucoup d'importance.

Si vous possédez peu de choses, cela n'a pas beaucoup d'importance.

Si vous êtes persécuté ou si l'on vous ment, cela n'a pas beaucoup d'importance.

Si vous êtes célèbre ou inconnu, cela n'a pas beaucoup d'importance.

Si vous êtes mort avec le Christ, ces choses n'ont pas beaucoup d'importance.

Si vous n'avez pas atteint ce stade, entendre la voix de Dieu n'aura que peu d'impact. L'écoute prend tout son sens lorsqu'on a appris à mourir (v.24-26). C'est ce qu'il voulait dire en disant : « *Celui qui a des oreilles pour entendre, qu'il entende* ». C'est un exercice quotidien, certes, mais qui en vaut la peine (Luc 9 :23).

La foule en liesse

Cette foule est différente de celle qui a assisté au repas des cinq mille. Ces gens n'en retirent aucun bénéfice tangible, si ce n'est que Jésus vient de faire un miracle inouï dans leur quartier. Il ne s'agissait pas d'histoires anciennes, ni de prophètes qui ressuscitaient les morts, mais d'un événement qui se produisait ici et maintenant. Le cri s'élève donc : « *Hosanna, béni soit celui qui vient au nom du Seigneur* » (v.13). Il s'agit d'un cri de louange et de prière utilisé pour accueillir le Messie annoncé. Il était vraiment là, il était enfin venu !

Même les dirigeants de l'époque ont dit : « *Voici que tout le monde se met à le suivre* » (v.19). Il se passait quelque chose de spécial. Cependant, cela contraste avec les quelques 120 personnes qui priaient dans la chambre haute, attendant le Saint-Esprit promis (Actes 1:15).

Je suis sûr que beaucoup de ces personnes sont devenues des disciples de Jésus. J'ai vécu assez longtemps pour savoir, malheureusement, que tous n'auraient pas fait de même. Peut-être que quelques jours plus tard, certains membres de la foule criaient également « crucifiez-le » (19:15). Une foule peut constituer une mesure dangereuse de l'état de notre cœur. Chanter à tue-tête lors d'un match de football ne signifie pas que je donnerai ma vie pour mon club. C'est peut-être ce que l'on ressent sur le moment mais ce sentiment cède rapidement la place aux 101 autres choses auxquelles on s'adonne.

Suivre Jésus, c'est bien plus que l'applaudir. Ne vous méprenez pas, j'aime me retrouver dans des foules immenses où des milliers de personnes chantent et célèbrent Jésus. Mais ce n'est pas notre but. Le but est : « *Si quelqu'un me sert, qu'il me suive, et là où je suis, là aussi sera mon serviteur. Si quelqu'un me sert, le Père l'honorera* » (v.26).

Nous écoutons Jésus et partageons ses paroles afin que les gens le suivent. Le sentiment d'appartenance à une foule ou ce qu'on ressent le dimanche soir n'est pas toujours présent le lundi matin.

L'épée

Lorsque les non-Juifs viennent à Jésus (André est à nouveau impliqué), c'est comme si Jésus voyait jusqu'où irait cet évangile, et combien il était important pour lui de donner sa vie (v.24 et 27). À notre tour, nous, ses disciples, apprenons à « *haïr notre vie dans ce monde* » (v.25 et 26). C'est en renonçant à tout ce qui est important pour nous, jusqu'à notre propre vie, que nous « *entrons dans la vie éternelle* » (v.25).

Mes beaux-parents avaient une vieille pompe manuelle dans leur jardin. On pouvait en tirer de l'eau en actionnant vigoureusement la poignée, mais elle ne fonctionnait que si l'on était prêt à verser une certaine quantité d'eau dans l'ouverture de la pompe, appelée « amorçage », pour l'amorcer, justement. J'imagine que pendant les chaudes journées d'été où l'eau était rare, il était assez pénible de verser de l'eau propre dans le haut de la pompe. Pourtant, si vous ne le faisiez pas, vous n'obteniez pas d'eau en échange de votre effort. Il en va de même dans la vie. Nous amorçons la pompe pour donner l'eau de la vie à beaucoup, y compris à nous-mêmes.

Lorsque la voix de Dieu a fait entendre son amour et son approbation pour son fils (v.28 & 29), on note que beaucoup de gens n'ont pas compris ce qui se passait.

Pour eux, il s'agissait soit d'un coup de tonnerre, soit d'une autre apparition. Ils n'écoutaient pas Dieu.

Jésus cherche délibérément à contrecarrer la sagesse de ce monde en choisissant des *choses insensées* pour prouver son point de vue (1 Corinthiens 1:19-29). Pourtant, tout n'est pas perdu : j'aime le fait que, même parmi les « chefs », beaucoup ont commencé à croire en Jésus (v.42).

Enfin

Le mot « croire » revient sept fois dans ce chapitre. Cette croyance est comme le lever du soleil. Vous savez, ce moment étonnant où tout ce qui était obscur devient clair, évident et beau, surtout dans nos montagnes (v.46). C'est le précurseur de l'écoute et de la mise en pratique de ce qu'il vous dit (v.49). C'est ce qui conduit à la vie éternelle (v. 50), non seulement pour nous, mais pour tant d'autres.

Comme le joueur qui met tout son argent sur un seul cheval, misez toute votre vie et votre être sur Jésus. Pourquoi ? Parce que, contrairement au joueur, nous savons que Jésus a déjà remporté la victoire.

Dieu parle, entre autres, à Ben par le biais de films. Un jour, le film Gladiator l'a vraiment frappé. Non pas les grandes scènes de batailles ni le combat contre l'empereur que nous connaissons tous, mais la façon dont il a organisé des gens brisés et découragés pour qu'ils trouvent leur place dans un ensemble qui devint une force irrésistible.

Dieu lui parlait du rôle de sa vie et de son travail. Il devait placer les gens à leur juste place et leur permettre d'accomplir ce pour quoi ils avaient été créés.

Sa femme et lui ont appelé leur fils Max pour que cette puissante leçon ne soit jamais loin d'eux. L'une de ses phrases préférées, encore aujourd'hui, est tirée du film : « Ce que nous faisons dans la vie résonne dans l'éternité ».

Il prend plaisir à nous laver les pieds.

Jean Chapitre 13

Le diable nous parle, lui aussi.

Le père du mensonge

La désinformation qui nous entoure a connu une croissance fulgurante. Qu'il s'agisse de politique, de pandémies mondiales, d'environnement, etc., certains s'emploient à diffuser délibérément de fausses informations et, ce faisant, tentent de détruire la réputation d'autrui et dans la foulée celle d'informations fiables. C'est horrible. Dans le même temps, le désir de connaître les faits et la vérité semble avoir disparu au profit des opinions. Cela ne se limite pas au monde dans lequel nous vivons, mais s'est insinué dans l'Église. C'est deux fois plus grave !

S'agit-il d'un phénomène nouveau ? Peut-être dans son ampleur, mais il est aussi vieux que l'histoire de cette planète. La première désinformation et la première calomnie apparaissent dans le chapitre 3 de la Genèse. Le diable y conteste ouvertement ce que Dieu a explicitement dit à Adam et Ève. Il continue ensuite en dénigrant le caractère de Dieu (Gen. 3:1-6). Il leur a fait croire que Dieu, loin d'être bon, généreux et aimant, était en fait un menteur qui essayait de les éloigner du bien. Ils avaient le choix entre croire Dieu ou le serpent. Ils ont choisi le serpent. Avant de prendre nos fourches et nos gourdins et de partir à la chasse à Adam et Ève, il est bon de savoir que nous avons tous fait la même chose. Je sais que c'est mon cas.

J'aime la phrase de la chanson de Stuart Townend « *How Deep the Father's Love* » (Combien profond est l'amour du Père) qui dit :

« C'est mon péché qui l'a retenu jusqu'à ce que tout soit accompli.

(Capitol Christian Music Group 1995).

Dans ce chapitre, nous voyons un homme qui a choisi d'écouter Satan (v.2) plutôt que l'auteur de la vie avec lequel il a cheminé pendant trois ans. Il a été témoin de tous ses miracles étonnants, a entendu tous les enseignements qui ont changé sa vie. Il a même fait partie du groupe des 12 (Marc 6:7) et des 72 (Luc 10:1) envoyés pour guérir les malades, chasser les démons et parler de Jésus à tout le monde. Il avait connu l'autorité même de Dieu qui coulait à travers lui (et si cela ne nous convainc pas que nos dons reçus de Dieu ne sont pas dus à notre bon caractère, je ne sais pas ce qu'il vous faut !) Enfin, il obtient même que notre Seigneur Jésus, le fils de Dieu et le fils de l'homme, lui lave les pieds. Pourtant, il a caché quelque chose dans son cœur, qui lui permet d'écouter une autre voix.

Comment la voix de Satan peut-elle entrer dans *ma* vie ?

Nous avons un premier indice au chapitre 12 verset 6 où nous apprenons que Judas avait l'habitude de voler l'argent donné à Jésus. Cet argent lui avait été donné pour ses besoins et pour qu'il le distribue aux pauvres (l'un des aspects du ministère de Jésus dont on parle le moins était l'aide financière qu'il apportait à son association caritative). Pourquoi lui avait-on confié les cordons de la bourse ? Nous ne le savons pas et on ne nous le dit pas. Mais il est clair que la tentation de l'argent était grande dans sa vie. Peut-être s'est-il porté volontaire pour être trésorier ? Peut-être pensait-il, comme beaucoup, que le Messie allait instaurer un royaume conquérant, dont il serait le trésorier en chef et qu'il se débrouillerait très bien, merci. Peut-être s'inquiétait-il de toutes les prédictions récentes de Jésus concernant sa mort, et qu'il n'allait manifestement pas s'enrichir, en fait. Quoi qu'il en soit, des avertissements ont annoncé la trahison (6:64 ; 6:71 ; 12:4), et de nombreux enseignements sur la richesse et l'argent ont été donnés (nombreuses sont les références, mais les deux principales sont peut-être Matthieu 6:24 et Luc 3:14) que Judas n'a jamais suivis dans ce domaine de sa vie. C'est précisément ce domaine qui l'a poussé à conclure un accord avec les chefs religieux, qui ont évalué Jésus au même prix qu'un esclave (Ex. 21:32).

J'ai un peu peur

J'ai peur parce que je vois à quel point l'humanité sans Dieu peut se corrompre. Malgré tout ce que Judas a vu, expérimenté et goûté, il était toujours corrompu, jusqu'à l'os.

Je crains aussi un Dieu qui, non seulement savait que cela arriverait (c'était prophétisé dans le Psaume 41:9 et cité au v.18), mais aussi qui s'en est servi pour accomplir son propre dessein imparable. Même notre péché, il l'utilisera pour atteindre ses objectifs.

Nous devrions tous être un peu impressionnés par cela. Mais devons-nous en rester là ? Non, et le chapitre nous donne des pistes pour aller de l'avant, car Judas n'est pas le seul personnage en jeu ici.

Pierre a lui aussi commis des erreurs, mais ...

Tout d'abord, voici comment se tromper tout en ayant raison. Pierre, qui pensait défendre l'honneur de Jésus jusqu'à la mort, s'entend dire, comme Judas, que tout va très mal tourner pour lui (v.37 & 38). Son arrogance et son orgueil sont sur le point de recevoir un coup qui lui permettra de devenir l'un des principaux piliers de l'Église. La grande différence est peut-être révélée par deux mots, qui sont d'une grande utilité.

Aux v.36 et 37, Pierre appelle Jésus « Seigneur ». Il a eu la révélation que Jésus est le Christ, le fils du Dieu vivant (Matt. 16 :16). Malgré toutes ses erreurs, Jésus est son Seigneur. La dernière déclaration enregistrée de Judas Iscariote fait cependant référence à Jésus comme « rabbi » (Matt. 26 :25), un terme honorifique certes, mais pas Dieu. Jésus n'est jamais devenu le Dieu de Judas. Un échec cuisant.

Jésus est-il votre Seigneur ? A-t-il pleinement droit à tout ce que vous êtes, à tout ce que vous avez ? Pour Pierre, dont l'erreur l'a préparé à sa mission, obtenir ce droit signifiait la vie. Pour Judas, qui n'a jamais compris, ce fut la fin.

Laisser Jésus *vous* laver les pieds

Un de mes bons amis, Bernard Sanders, m'a dit qu'il commençait chaque jour en laissant Jésus le laver. Il est impliqué dans de nombreux projets à travers le monde et beaucoup de gens louent la clarté de ses réponses aux questions de la vie. Il a le don de rendre les grandes vérités très concises et pratiques. Plutôt que s'atteler chaque jour aux tâches à accomplir, il s'imprègne de la bonté et de l'amour de son Seigneur. C'est ce qui lui donne la force dont il a besoin pour faire ce que Dieu lui propose ce jour-là. Laissez Jésus vous laver. Comme il le dit, « soyez bénis pour être bénis » !

N'en éprouvez pas de la gêne. Il connaît nos faiblesses humaines et c'est avec *plaisir* qu'il vous lave les pieds. Il suffit de lire son dialogue avec Pierre (v.8 & 9). Oui, c'est vrai, se faire laver les pieds n'est pas tout, mais c'est notre point de départ.

Se laver les pieds les uns les autres (dégoûtant !)

J'ai des pieds incroyablement chatouilleux. Il suffit que ma femme les touche accidentellement au lit pour que je saute au plafond. C'est pourquoi j'ai beaucoup de mal à supporter ces moments où un chrétien bien intentionné propose de se laver les pieds les uns les autres. Je sais que je vais devenir fou et probablement finir par donner un coup de pied dans la face de mon pauvre binôme. Je suis plutôt content d'être celui qui lave, et ce n'est pas parce que je suis incroyablement humble, je suis tout simplement trop chatouilleux !

Pourtant, Jésus est très clair : c'est ce que nous devons faire les uns pour les autres (v.13-15). Heureusement, et pour éviter tout moment de violence inexplicable, Jésus va droit au but : « *Aimez-vous les uns les autres. Comme je vous ai aimés, aimez-vous les uns les autres. À ceci tous reconnaîtront que vous êtes mes disciples, si vous vous aimez les uns les autres* » (v.34 & 35).

Ce commandement, « *aimez-vous les uns les autres* », est donné trois fois

J'ai constaté que les personnes qui aiment la famille de Dieu, avec toutes ses imperfections, reflètent vraiment Jésus. C'est une façon de savoir qu'il est en nous. Et il faut qu'il y soit, car franchement, nous sommes généralement le groupe de personnes le plus bizarre qui soit ! Jean, dans un écrit ultérieur, dit que quiconque proclame : « *J'aime Dieu », mais hait son frère, est un menteur* » (1 Jean 4:20).

Le maire d'une ville plus au Sud que la nôtre fut invité à visiter une église à l'occasion d'un événement spécial. Les familles présentes représentaient une vingtaine de cultures différentes et toutes les tranches d'âge imaginables. Ce matin-là, le maire en est resté bouche-bée. Il a dit qu'il n'avait jamais vu en France un endroit où tant de générations et de peuples différents vivaient ensemble en paix.

Aimez la famille de Jésus. Aimez la famille qu'***IL*** a choisie.

Soutenez ses membres. Veillez sur eux. Pleurez quand ils pleurent et riez quand ils rient. Soyez lents à critiquer et prompts à encourager. Judas n'a pas seulement trahi Jésus, il a trahi tout le groupe.

Et pour conclure...

Quel rapport entre tout ça et l'écoute ? Très étroit, en fait.

Judas a passé trois ans avec Jésus. Il a tout vu et tout entendu, mais il n'a pas écouté. Nous aussi, nous voyons toutes les choses étonnantes que Dieu fait dans le monde, dans notre propre vie, dans notre église, et pourtant nous n'écoutons pas.

Lorsque Jésus vous parle, par quelque moyen que ce soit, assurez-vous de ne pas vous contenter d'entendre des mots creux mais d'écouter afin de pouvoir dire avec Pierre, « *tu es le Christ, le Fils du Dieu vivant* ».

Virginie détestait l'idée de déménager. Elle était heureuse et satisfaite de l'endroit où elle vivait. Ses enfants essayaient de les convaincre, elle et son mari, de se rapprocher de la famille et d'emménager dans un appartement. Elle n'a jamais « vieilli », elle est restée jeune de cœur, alors l'idée de ne plus pouvoir gérer sa maison au sein de son village lui semblait incongrue.

Pour en finir avec cette idée et cesser de se faire harceler par ses enfants, elle s'est dit que, si Dieu vendait sa maison au prix qu'elle souhaitait et que l'appartement pouvait être acheté au prix qu'elle avait proposé (ridiculement bas) dans les jours qui suivraient, elle croirait que c'était la volonté de Dieu.

C'est ce qui s'est passé en l'espace d'une journée. Bien qu'elle n'ait pas été très satisfaite de la réponse de Dieu, Virginie a toujours eu la certitude que c'était sa décision, qu'il avait parlé.

Son nouveau logement se trouvait dans un complexe d'appartements conçus pour personnes âgées. Le déclin prématuré de la santé de son mari et la vitalité du groupe d'autres chrétiens qu'elle y a trouvé lui ont prouvé qu'elle avait fait le bon choix au bon moment.

L'une des grandes joies de la vie... c'est simplement d'être en compagnie de ceux qu'on aime.

Jean Chapitre 14

Passer du temps avec Jésus.

Nous vivons à proximité de l'un des plus grands domaines de ski nordique d'Europe. De décembre à début mars, des personnes de tous âges profitent du circuit qui traverse notre vallée, La Clarée, et qui passe par les villages adjacents jusqu'au fond. Il couvre environ 65 km et nous sommes fiers d'en contrôler environ 12. Notre site est un endroit idéal, riche en événements, restaurants, boutiques, zones de luge et pistes de raquettes. Chaque jour, la neige est soigneusement damée, les températures relevées et tous les panneaux appropriés remplis. Le bureau des forfaits est rangé et les gardes se tiennent prêts à intervenir en cas d'urgence. Nous recevons chaque année un grand nombre de visiteurs qui apprécient cette combinaison de montagnes et ski de fond.

J'ai récemment appris qu'une saison entière de cette activité, tous ces efforts et investissements, n'équivalent qu'à une journée de chiffre d'affaires du principal domaine skiable du Montgenèvre. Tout cela me semble soudain bien dérisoire, presque sans importance.

C'est exactement ce qu'il en est dans ce chapitre.

Dans le précédent, Jésus leur avait annoncé qu'il les quittait et qu'il serait trahi par l'un d'entre eux. Ils ont dû se sentir très mal. Comment était-ce possible ? Ils avaient tout quitté pour le suivre, et maintenant il allait les quitter. Qu'allait-il leur arriver ? À quoi avait servi tout ça ?

Le chemin, la vérité, la vie

Jésus commence par ces mots étonnants : « *Que votre cœur ne se trouble pas. Croyez en Dieu, croyez aussi en moi* » (v. 1). Voici un autre moment où nous voyons que croire en Jésus, c'est bien plus que reconnaître son existence. C'est croire en qui *il* est, en ce qu'*il* a dit et en la direction qu'*il* prend. Il ne dit pas seulement « n'ayez plus d'inquiétudes », mais « remplacez l'inquiétude par la foi ».

Cette foi porte non seulement sur vos besoins quotidiens mais aussi sur votre existence éternelle (v.3). C'est bien plus que ce que notre intelligence peut concevoir. Cependant, c'est la raison pour laquelle chacun de ses disciples, selon la tradition de l'Église, a joyeusement donné sa vie pour cette personne. Ils ont compris. Ils ont compris que, comme nous dans la station de ski nordique de mon village, cette vie et tous ses soucis et préoccupations ne représentait qu'un jour de bénéfices par rapport au chiffre d'affaires annuel de la station principale. Elle n'avait aucune commune mesure avec ce que Jésus avait en tête.

Avez-vous participé à ces réunions de prière où toutes les demandes concernent des problèmes d'emploi, de santé ou financiers ? Rarement entendons-nous des prières demandant : « Seigneur, je veux te connaître davantage », « Seigneur, fais de mon cœur ta maison ». Elles semblent hors de propos, peu pragmatiques, mais ont une valeur infiniment plus grande que les premières. J'aime diviser les prières ou la vie en trois domaines (je sais, j'ai déjà évoqué cela au chapitre 4 à un certain niveau, mais cela vaut la peine d'y revenir) :

- **Niveau 1**. L'essentiel. Il s'agit des besoins quotidiens. Nourriture, santé, finances, etc. Quand on demande aux gens comment ils vont, on obtient généralement une réponse à ce niveau. Je pense souvent que cela détourne l'attention des vraies questions. Les affaires, la fatigue et la mauvaise santé sont d'excellents moyens de répondre à la question « comment va ? » mais, honnêtement, elles ne sont pas très pertinentes. Elles ne répondent pas à la question « comment vous sentez-vous profondément », car pour cela, il faut passer à un autre niveau.

- **Niveau 2.** L'étape suivante. Comment vous sentez-vous ? Pas très bien, je suis terrifié à l'idée d'avouer à ma femme que nous n'avons plus d'argent. Ou bien « Je me suis brouillé avec un collègue et je n'arrive pas à arranger les choses ». Ces exemples témoignent d'une prise de conscience de nos problèmes les plus importants. Nous prenons conscience des éléments constitutifs qui se trouvent aux fondations, les moellons qui soutiennent le quotidien. Aucun d'entre nous ne se sent bien si ses relations sont brisées. Cependant, il existe un autre niveau qui les sous-tend tous.

- **Niveau 3**. Ce niveau concerne la manière dont nous vivons en accord avec nos valeurs fondamentales. Comment vous sentez-vous ? À ce niveau, on pourrait répondre : « J'ai du mal à me nourrir de Dieu en ce moment » ou « La patience est une vertu difficile à acquérir ». Nous voilà sur la bonne voie. Ce sont ces domaines qui déterminent les niveaux 1 et 2 et en donnent la juste perspective. Apprenez à baser votre vie sur le niveau 3 et vous suivrez le verset 6 bien connu : « *Je suis le chemin, la vérité et la vie* ».

Quand Jésus et sa vie sont au cœur de la nôtre et lorsqu'il est le moteur qui anime et dirige nos foyers, nos relations et nos vies, alors notre monde change.

Jésus, l'architecte de notre foyer

Les problèmes de santé ne nous ont jamais épargnés, ma femme et moi, et bien que difficiles à vivre, ils nous ont appris que « c'est la vie », comme on dit. Nous n'avons plus de liste de cases à cocher ici-bas, dans l'urgence de n'avoir qu'une seule chance. « Oh, il nous faut absolument faire ce voyage avant de mourir ! » semble si futile comparé à l'incroyable perspective qu'annonce Jésus ici : « C'est moi qui vous prépare une place » (v.2).

Je suis toujours heureux de voir un membre de notre personnel préparer un appartement pour accueillir des invités. Je sais que non seulement c'est du travail bien fait, mais qu'en arrivant le client s'exclamera « wow ! ». Ces petites attentions, la façon dont les serviettes sont disposées, le chocolat soigneusement placé sur la table, un lit confortable après un long voyage, etc. sont autant de détails accueillants. N'est-il pas incroyablement enthousiasmant de savoir que c'est Jésus lui-même qui prépare notre place ? Existe-t-il sur cette planète une expérience qui puisse se comparer à celle de Jésus préparant votre chambre ? (v.2).

Vous avez été là-bas, vous avez fait ceci ou cela ? Tout ceci semble bien plat et banal à côté de « J'ai une maison que Jésus est en train de préparer personnellement pour moi » (v. 2). Comme notre petite station de ski nordique, ces projets sont éclipsés par une bien plus grande perspective. Il y a vraiment mieux, et à ce stade, vous pouvez vraiment mettre de côté tous les guides touristiques des sites « à voir absolument ».

Je viens te chercher

L'une des grandes joies de la vie, et les Français sont vraiment doués pour ça, c'est d'être simplement en compagnie des gens qu'on aime. D'habitude, c'est autour d'un repas, mais ici, ça peut durer des heures.

En arrivant en France, nous avons rencontré un problème. Les chalets que nous louions pour nos clients appartenaient à des Français. Ils disposaient rarement d'un coin salon confortable. Ils mettaient plutôt en évidence une grande table dans la salle-à-manger et un malheureux petit canapé deux places dans un coin. Cela ne correspondait pas aux attentes des clients britanniques : eux souhaitent s'asseoir confortablement et regarder un film, entre autres activités. Lorsque nous avons essayé de persuader les propriétaires français d'investir pour améliorer la qualité de vie de leurs clients, ça leur a semblé bizarre. Les vacances, c'est surtout s'asseoir autour d'une table et parler, c'est « être ensemble ».

Jésus a dit : « Je viens te chercher pour que nous soyons ensemble » (v. 3). Bien qu'il soit le Fils éternel de Dieu, il est aussi Jésus pour toujours, avec les empreintes des clous dans les mains et les pieds. Il veut être en notre compagnie. Il n'y aura sans doute pas de sièges confortables ni de cinéma chez lui. Il promet un festin (Apocalypse 19:9) et, si l'on se fie aux traditions des mariages juifs, ces festins durent longtemps.

Toutes les aspirations qui nous habitent, même les désirs d'expériences et de sensations fortes, se retrouvent dans cet homme. « *Quand vous m'avez vu, vous avez vu mon Père* », dit-il à un Philippe perplexe (v.8-10). Pensez-y, vous avez vu le visage même de Dieu... mais c'était interdit aux Juifs, c'était tabou. En nous plongeant dans cette « connaissance de Dieu » en Jésus (v.7), nous entrons dans la « piscine d'expériences » la plus étonnante qui soit. Vous vous sentez parfois seul ? Il vous désire. Votre avenir vous désespère ? Il prépare votre nouvelle maison. Vous vous sentez angoissé, sans savoir où aller ? Il est le chemin, la vérité et la vie (v.6).

Je pourrais continuer ainsi pendant longtemps. Tout ce dont nous avons besoin, passé, présent et futur, est contenu en Jésus. Il n'est pas la cerise sur le gâteau, il est le gâteau. Cela ne veut pas dire qu'il faudrait se priver de sauter en parachute, mais qu'il convient de mettre ce sport à sa juste place !

Au cas où vous l'auriez oublié...

Mon fils de neuf ans a dit un jour, alors qu'il craignait de se faire punir pour une nouvelle bêtise : « J'essaie d'être sage, j'y pense tout le temps... et puis j'oublie ». Difficile de garder un visage sévère tout en écoutant une réponse aussi pertinente. C'est tellement vrai – pour chacun d'entre nous.

Jésus a dit que nous ferions des œuvres plus grandes que lui parce qu'il allait vers le Père (v. 12). Nous pouvons demander n'importe quoi en son nom, et il le fera (v. 14) et non seulement il le fera, mais ce sera à la gloire de son Père. Il ne s'agit pas simplement de faire de notre mieux et d'espérer que tout finisse bien.

J'adore le football en fauteuil roulant. J'étais nettement moins que moyen sur le terrain et notre coach me disait, « si on payait les joueurs pour leur capacité à se retrouver à genoux, tu serais bien placé », ce qui ne m'empêche pas de me sentir toujours légitime pour commenter, avec mes amis, tous les matchs, tous les footballeurs et tous les entraîneurs. Bien sûr, j'avais des ambitions irréalisables : je ne marquerai jamais ce fameux but de la dernière minute d'une finale de coupe dont je rêvais quand j'étais jeune. Jésus me dit : « non seulement tu joueras, mais tu marqueras les buts pour lesquels je t'ai créé ».

Voici comment ...

- Aimez Jésus de tout votre cœur, de tout votre esprit, de toute votre force et de toute votre âme. Qu'est-ce que tu aimes le plus : l'intimité, les sensations fortes, une personne particulière, ton travail, le cinéma... ? Considère l'énergie que tu y consacres. Jésus te dit : fais de même pour moi (v.15 & 23). Si tu le fais, le Père et moi débarquerons chez vous à l'improviste pour manger un morceau ! (v.23).

- Gardez ses commandements (v.15). Nous reviendrons sur ce point dans le prochain chapitre, lorsque Jésus expliquera exactement quels sont ses commandements. Disons pour l'instant que la réponse n'a pas grand-chose à voir avec chacun en tant qu'individu, mais avec chacun de nous, les membres de sa famille. C'est une promesse à son Église.
- Le Saint-Esprit. C'est lui qui nous enseigne et nous rappelle (à nous son groupe) les paroles de Jésus (v.26). C'est lui qui nous fait savoir que nous ne sommes ni abandonnés par Dieu ni « orphelins » (v. 18). Laissez le Saint-Esprit entrer pleinement dans votre vie, surtout aux moments où vous restez dans votre jardin secret. C'est par lui et par sa puissance que nous verrons s'accomplir ces versets.

Enfin, la paix.

Je terminerai ce chapitre par une idée bizarre.

La dernière ligne parle du prince de ce monde qui viendra le chercher (v. 26) et pourtant Jésus parle de laisser ses disciples dans la paix (v. 27). Si c'était moi qui avais parlé, j'aurais dit, « je vous laisse en partage la détermination, la puissance et l'autorité pour chasser les démons en ces temps de ténèbres. Lui, non : c'est la « paix » qu'il laissait en partage.

Jésus comprenait parfaitement le rôle de Satan. L'ennemi a été autorisé à faire son travail, à attiser la haine, à s'arranger pour que Jésus soit mis à mort, simplement pour démontrer l'amour de Jésus pour son père. Encore et toujours, on constate que malgré tous les efforts du malin, il ne sert qu'à accomplir les desseins mêmes de Dieu. Nous ne le craignons pas. Nous restons dans la paix que Jésus nous donne.

Nous avons gesticulé, nous nous sommes démenés, nous avons lutté dans de nombreux domaines de notre vie et au final, rétrospectivement, nous avons constaté l'action patiente et paisible de la main de Dieu, constamment à l'œuvre pour accomplir ses desseins. De nombreuses déceptions apparentes se sont en fait avérées des moments où Dieu nous a sauvés de nous-mêmes et où il a réalisé ses plans pour notre vie.

La paix, c'est être tranquille et se reposer – même au cœur d'une tempête déchaînée (Matt. 8 : 23-27). Choisissons de se concentrer sur Jésus et ses paroles plutôt que de paniquer devant les événements de la vie !

Et si l'on passait à la pratique ? Prenez le temps de rester tranquille en sa compagnie. Chaque dimanche, j'essaie, avec de plus en plus de succès, de ne rien demander à Jésus pendant ma promenade matinale, mais de me contenter d'apprécier sa présence.

J'ai cette pensée que j'accomplis en fait plus de choses à ce moment-là que je ne peux imaginer.

Le monde de Julie s'est effondré. Apparemment, son église enregistrait beaucoup de réussites, des gens trouvaient Jésus chaque semaine, et puis tout s'est transformé en division, en rancœurs, bref, un désastre. Elle était anéantie. Elle avait une passion pour les gens, tant ceux de sa famille dans l'Église qu'à l'extérieur, mais tout ce qui lui tenait à cœur était en train de disparaître.

Pire encore, elle s'était mise en colère et en voulait aux responsables de ce gâchis. Elle se détestait de se trouver en partie responsable elle aussi et ne savait pas comment s'en sortir.

Un jour, elle ouvrit son cœur à Dieu, et s'écria : « Oh, Seigneur, je suis si compliquée ! Dieu lui répondit instantanément : « Tu n'es pas trop difficile pour moi ».

Ces paroles l'ont électrisée. Non seulement elles lui ont donné la paix et une solution à cette situation, mais ils lui sont souvent revenus à l'esprit plusieurs fois plus tard et l'ont fortifiée quand elle en avait besoin.

> ***C'est cela la vie du disciple : le connaître et le faire connaître partout, là où il a placé chacun de nous***

Jean Chapitre 15

N'en faites pas toujours plus, rapprochez-vous de lui.

C'était un samedi, ma femme était partie au travail et j'étais à la maison. Elle ne devait rentrer que tard et je me suis dit que j'allais lui démontrer mes incroyables talents culinaires en préparant un repas pour son retour. J'ai suivi une recette à la cocotte-minute pour que le repas soit prêt dès son retour.

J'ai soigneusement ajouté tous les ingrédients permettant d'obtenir une impressionnante association de saveurs et textures. Ça ne pouvait que bien marcher. J'ai laissé mijoter, heureux et satisfait. En revenant quelques heures plus tard pour vérifier l'état d'avancement, j'ai vu mon plat au fond de la cuve, froid comme la pierre et pas cuit. Oui, vous l'avez deviné, j'avais oublié d'allumer la cuisinière. Le démarrage tardif s'est fait sentir, et au lieu d'un repas délicieusement tendre, servi dès qu'elle franchit la porte, elle a eu droit à un mari agité et à un plat cru et grumeleux qui, malgré ses paroles réconfortantes, était moins digeste que les rochers des montagnes qui jonchent notre vallée.

C'est ce que Jésus dit ici. Ses paroles, à la fois dures et pleines de promesses, détiennent la clé d'une grande partie de notre vie. En gros, cela revient à dire : « Assure-toi d'être branché sur Jésus ». Le verset 5 le résume : « *Si vous demeurez en moi et si je demeure en vous, vous porterez beaucoup de fruit ; hors de moi, vous ne pouvez rien faire* ».

Je ne suis pas expert en viticulture, mais l'auditoire auquel Jésus s'adressait comprenait bien l'image. J'habite à la frontière de deux des meilleurs pays producteurs de vin d'Europe et j'ai vu suffisamment de vignes pour comprendre de quoi il parlait. J'ai vu les amas de branches mortes mises de côté pour être brûlées et j'ai vu les rameaux encore attachés qui me semblaient trop sévèrement taillés. J'ai vu les fruits qu'ils portent. J'ai aussi constaté que le plant de vigne lui-même n'est pas particulièrement attrayant. C'est un bois noueux, étrange, qui n'a pas l'air susceptible d'agrémenter les tables les plus huppées du monde avec du bon vin. Et pourtant, c'est le cas.

Beaucoup d'entre nous connaissent bien ce passage. Cependant, savoir quelque chose est une chose, la vivre est tout différent, vérité que j'ai découverte lors de mes premières tentatives pour skier. Il semble évident de dire à un disciple de Jésus de s'attacher à lui et que tout ira bien, mais, comme nous le verrons, ce n'est pas un chemin parmi les plus faciles. Jésus l'a appelé la « porte étroite » (Matt. 7 :13). Il constitue un arbre étrange mais il produit les fruits les plus merveilleux.

Pourquoi sommes-nous sur terre ? C'est la question à 1 million d'euros.

Le chapitre se termine par une petite phrase qui, d'une certaine manière, nous explique pourquoi Jésus parle ainsi. « Vous aussi, *vous devez témoigner* (de moi) » (v. 27). Nous ne sommes pas ici pour traverser la vie au fil d'une carrière réussie, en bonne santé, riche, avec famille et amis, et en prime d'exaltantes expériences.

Dans la grande prière du chapitre 17 au verset 26, Jésus définit ce qu'il est venu faire : « *Je t'ai fait connaître à eux* ». La croix, la résurrection et tout le reste ont été conçus dans ce but : nous amener au Père, le connaître. Notre vie de disciple de Jésus consiste à le connaître et à le faire connaître au monde dans lequel il nous a placés.

On ne comprendra jamais ce qui se passe lorsqu'on est attaché à la vigne si l'on ne comprend pas cette vérité. Le fait d'être dans la vigne vous rendra fécond, mais les raisins que vous porterez sont ceux qui proviennent de l'ADN de la vigne. Elle ne donnera ni poires ni oranges, seulement les raisins issus de son ADN mais ce sont les meilleurs et ils changeront le monde plus que n'importe quoi d'autre. De plus, nous jouerons le rôle exact pour lequel chacun d'entre nous a été conçu.

La grande transfusion sanguine ...

Lorsqu'une personne souffre d'une grave maladie du sang, elle a souvent besoin d'une transfusion. On retire le vieux sang et on y transfuse le nouveau. En restant branchés sur lui, nous recherchons une transfusion de Jésus dans nos vies.

L'alternative, dit Jésus, c'est se dessécher et mourir (v.2 & 6). Peut-être sommes-nous du genre à fréquenter des disciples de Jésus, mais sans croire nous-mêmes qu'il est notre Seigneur. Dans ce cas, nous ne porterons jamais de fruits.

À notre arrivée en France, je me rappelle avoir été interrogé par un responsable d'église (un homme très gentil) sur ce que nous avions fait et n'avions pas fait (baptême, etc.). Après avoir coché toutes les cases, nous avons passé un bon moment ensemble, mais ce n'est pas ainsi qu'on voit si quelqu'un marche avec Jésus ou non. Jésus est beaucoup plus pratique : « Ont-ils ma vie en eux et portent-ils du fruit ? Ou sont-ils morts ? » (v.5 & 6).

Un fruit délicieux !

Quel est ce fruit ? S'agit-il de ceux qui font de grands miracles ? De ces personnes qui savent prophétiser ou prêcher avec un enthousiasme à faire vibrer les murs ? D'après ce passage et d'autres, je dirais que non. Le fruit que nous devons rechercher c'est « *l'amour, la joie, la paix, la patience, la bonté, la bienveillance, la foi, la douceur et la maîtrise de soi* » (Gal. 5:22). Oui, de grandes guérisons et des signes viendront aussi, mais sans le fruit, ils ne sont rien de plus qu'une imposture (Apoc. 13:13-14) ; nous y reviendrons plus tard.

Au premier chapitre, Jean a déclaré qu'ils avaient vu sa gloire qui était pleine de « *grâce et de vérité* » (1:14). Si les signes que nous voyons ne reposent pas là-dessus, ils n'ont aucune valeur.

Ne vous méprenez pas, nous ne sommes pas sur terre pour être « gentils ». Nous sommes ici pour remettre en question le tissu même de nos sociétés et appeler les gens à suivre le plus grand révolutionnaire de tous les temps.

L'un des signes indiquant qu'on est sur la bonne voie, c'est qu'on sera haï, comme Jésus (v.18-19). Personnellement, je trouve ça difficile. Étranger dans ce pays, la solution de facilité c'est de se fondre dans la masse. Mais j'ai été appelé à faire partie de la famille qui apporte Jésus à une nation assoiffée.

Faites ce qu'on vous dit !

C'est ce que mon père me répétait souvent lorsque je me faisais prendre une fois de plus en train de faire une bêtise. Lorsque Jésus dit « *obéissez à mes commandements* », il y associe merveilleusement le commandement de « *demeurez dans mon amour* ». Suivre ses commandements, c'est rester dans son amour (v.10). Je ne me souviens pas avoir pensé : « Je dois essayer de rester un peu plus dans l'amour de mon père » lorsque j'ai reçu la réprimande que je méritais.

Lorsque je pensais qu'obéir à ses commandements consistait à prier plus intensément, à donner plus, à se lever plus tôt, je me sentais juste bon à être jeté dans le feu avec toutes les autres branches mortes. Je ne serais jamais à la hauteur de ces grands chrétiens qui semblaient bien meilleurs que moi dans ces domaines. Mon manque d'amour pour mon réveille-matin me condamnerait à coup sûr. Je me trompais totalement.

Relisez les versets. Voyez ce qui se passe quand on s'en approche, cela n'a rien à voir avec la saga du réveil :

- v. 7 : « *Demandez ce que vous voulez et il en sera fait ainsi pour vous* ». Ses désirs deviennent nos désirs et ses réponses à nos prières se multiplieront.
- v. 10 : Nous demeurerons dans son amour, ce qui veut dire qu'il cesserait de nous aimer quand nous

faisons le mal ? Non, rester dans son amour, c'est comme prendre un bain chaud. On est complètement immergé dans un homme qui « m'a aimé et a donné sa vie pour moi » (Gal. 2 :22). On est passionnément aimé en toutes nos circonstances, passées, présentes, et dans un avenir où il nous a précédé et préparé une place. Restons dans cet amour ! Oui, tu peux commencer à sourire dès maintenant !

- v. 11 : Tu feras l'expérience d'une joie qui n'a rien à voir avec les circonstances. C'est une joie totale que personne ne pourra jamais t'enlever. Cela ne veut pas dire qu'on ne pleure pas parfois ou que les gens ne nous haïssent pas, mais plutôt qu'on est enveloppé dans celui qui, plutôt que « *la joie qui lui était proposée, a enduré la croix, méprisant la honte* » (Héb. 12 :2).

- v.12-13 & 17 : Voici le blockbuster qui m'a fait hurler de joie et libéré de tout effort religieux : « *Aimez-vous les uns les autres comme je vous ai aimés* ». Tel était notre objectif. Pas de réunions de prière, ni missions, ni jeûnes, etc. Il s'agissait simplement de « s'aimer les uns les autres comme je vous ai aimés ». Et croyez-moi, plus je suis branché sur Jésus, plus j'ai envie d'aimer. Nous y reviendrons plus tard.

- v.14-15 : Il nous appelle ses amis ! Imaginez, le Seigneur de toute la création, de l'éternité, qui me dit : « Jacques, tu es mon ami ». Et il a lavé cette vie indigne avec son propre sang pour pouvoir prononcer ces mots qui bouleversent le monde. Restez branchés, c'est génial, n'est-ce pas ?

- v.16 : Ce n'est pas vous qui m'avez choisi, c'est moi qui vous ai choisis. Cela touche au cœur de tout ce qui est religieux. Quand d'autres camarades de classe étaient chargés de désigner les équipes pour un événement sportif à l'école, j'étais presque toujours le dernier choisi. Je détestais cela. La seule discussion à mon sujet se déroulait comme suit :
    - Capitaine de l'équipe 1 : « Prend-le toi ! »
    - Capitaine de l'équipe 2 : « Non, toi tu le prends ».
    - Je n'étais manifestement pas recherché pour mes prouesses sportives. C'est LUI qui nous choisit. Si vous échouez en plein de domaines, cela ne change rien. C'est lui qui décide. Notre seule tâche, c'est de rester branchés sur lui.

L'amour, le plus grand de tous

Le vieux fabricant de tentes l'appelait le plus grand de tous les attributs, sans lequel aucun des autres n'avait de valeur (1 Cor. 13:1-3). Lorsque nous sommes guidés par l'amour plutôt que par toute autre motivation, il définit nos actions et nos choix. Nos dons, notre temps, notre prière, notre façon de répandre la bonne nouvelle, nos rassemblements avec son peuple – tout sera différent lorsque nous serons motivés par l'amour, plutôt que par la culpabilité ou un quelconque sens religieux du devoir.

Oui, je sais qu'il y a des jours où nous agissons par devoir plutôt que par amour. Il me faut quelques minutes pour me faire à l'idée d'arrêter un film en plein suspens pour parler à quelqu'un qui appelle pour demander de l'aide. Mais si je le fais toujours, c'est non parce que je le dois, mais parce que c'est le chemin de l'amour et c'est celui qui me convient le mieux.

On a examiné précédemment l'importance de commencer chaque journée en sachant qu'on est aimé. Quand on est bénis, on devient bénédiction pour l'entourage, vous vous en souvenez ? Les lignes vides qui suivent sont là pour vous permettre d'aller pratiquer ce que vous faites pour vous détendre. Mais cette fois, je veux que vous vous branchiez sur quelqu'un qui a accepté de « se vider de tout sauf de l'amour », comme l'a dit Charles Wesley – pour vous atteindre : sur Jésus, pas seulement pour vous trouver, mais pour vous faire savoir qu'il a toujours été à votre recherche, qu'il vous a toujours désiré. Il a fait ce qu'il fallait pour vous nettoyer et vous préparer à passer l'éternité dans l'existence la plus incroyablement délicieuse qui soit.

(Les autres moyens de « relaxation » en perdent un peu de leur éclat, non ?)

Lorsque vous ferez cela, vous prierez plus, chanterez plus, donnerez plus, existerez plus.

C'est ce que fait l'amour.

Et donc ...

Être branché, c'est laisser sa vie couler à travers vous, individuellement et en groupe. Voici quatre moyens simples (oui, je sais, vous avez déjà entendu tout cela dans d'autres chapitres !)

1. Donnez-lui du ***temps***. Faites de la place dans votre journée, loin des distractions, pour comprendre ce qu'être branché signifie pour vous et votre entourage. Cela deviendra le temps que vous passerez dans votre jardin secret. Vous n'apprécierez pas d'être interrompu.

2. Intégrez-le consciemment à tout ce que vous faites : pendant que vous préparez un discours ou un repas, quand vous révisez la Bible ou que vous vous brossez les dents, quand vous vous asseyez avec un retraité solitaire ou devant la télévision. Vous constaterez que les circonstances, où vous préféreriez qu'il ne soit pas là, deviendront de plus en plus évidentes et de plus en plus laides.

3. Lisez son grand livre (la Bible). Découvrez ses enseignements et sa vie. Regardez ce qui se passait dans l'Église primitive. Lisez l'histoire des héros comme Noé, Abraham, Jacob, Moïse, Ruth, David, Esther et ainsi de suite. Voyez à quel point nous avons été faibles en suivant Dieu au moyen de règles. Il existe de nombreux bons plans de lecture, mais commencez peut-être par demander au Saint-Esprit de vous montrer quoi lire.

4. Participez activement à la vie de son peuple. Vous ne l'entendrez jamais correctement si vous ne faites pas partie d'un corps opérationnel. C'est là que le Saint-Esprit sera très actif (v.26) (appelé ici l'Avocat – oui, quelqu'un plaide notre cause devant la plus haute cour de l'univers !)

Tous ces éléments sont des portes qui permettent d'écouter. Nous serons branchés sur ses plans et ses objectifs pour votre région. Je sais qu'il a de grands projets pour les habitants de mon pays.

En écoutant ce qu'il nous dit à nous et dit à travers nous et autour de nous, nous porterons des fruits qui donneront le meilleur des vins.

Julian avait toujours voulu travailler le bois. Il n'était jamais plus heureux que lorsqu'il fabriquait un objet à partir de ce matériau extraordinaire. Il vivait dans un appartement et avait une famille. En réalité, ce n'était qu'une chimère, mais il l'avait confiée à Dieu en l'invoquant de tout son cœur.

Les années passent, les emplois se succèdent. Il a suivi des cours spéciaux pour se former à la fabrication de meubles, mais rien ne s'est jamais présenté. Les autres emplois ne semblent pas marcher non plus.

Un jour, Dieu lui a dit, en s'appuyant sur Exode 3:17, qu'il était temps de partir pour un autre endroit, « un endroit où coulent le lait et le miel ». Le voyage a duré encore longtemps, mais après un autre déménagement, il est arrivé dans un village où il a trouvé un atelier et des amis qui l'ont aidé à donner vie à sa vision.

Il dirige aujourd'hui une entreprise de fabrication de meubles qu'il adore et qui fait le bonheur de nombreux foyers.

...on peut en demander toujours plus. Demandez sans cesse.

Jean Chapitre 16

Le Manager Joueur.

Dans un club sportif, il arrive qu'une personne occupe deux fonctions. On l'appelle le manager/joueur. Non seulement il dirige, entraîne et construit l'équipe, mais il la supervise également sur le terrain. C'est lui qui sélectionne l'équipe et il en fait aussi partie (à condition qu'il se soit sélectionné lui-même !). De grandes légendes du football comme Gianluca Vialli de Chelsea en sont un bon exemple. Ici, le Saint-Esprit est dépeint de cette manière.

Le Saint-Esprit n'est pas assis au ciel à attendre, mais il a été spécifiquement envoyé pour aider l'Eglise à jouer le rôle auquel le Père l'a appelée (v.7, 8 et 13). Avez-vous l'impression que vous ou votre équipe ne correspondez pas tout à fait à ce à quoi Dieu vous a appelés ? Cela m'est arrivé et m'arrive encore.

Entrez dans le Saint-Esprit

Il a été envoyé non seulement pour poursuivre le bouleversement opéré par Jésus dans la société, mais aussi pour l'étendre au monde entier. Son travail, qui consiste à convaincre notre monde « de péché, de justice et de jugement » (v. 8), implique de s'attaquer aux puissances en place que sont l'incrédulité, l'amour-propre sans Christ et le diable lui-même. Il ne fait pas cela isolément ou loin de la famille de Dieu, mais il est bien présent sur le terrain avec nous, et dispute le match avec nous. Il nous rappelle pour quelle équipe nous jouons, quelles sont nos capacités en Dieu, quelles sont les possibilités qui, par la foi, deviennent infinies, et qui est notre véritable ennemi.

Si vous n'avez pas un lien solide avec le Saint-Esprit, vous jouerez sans grand succès. Imaginez de quel ridicule se couvrirait un joueur s'il ignorait les conseils et les cris de son capitaine et de son manager : ce joueur serait vite remplacé. Il est vital que le reste de l'équipe l'écoute et lui obéisse.

Je me souviens d'une journée sportive à l'école où mon fils de quatre ans participait à une course à pieds organisée pour des enfants d'âge préscolaire. Le cri de départ a retenti et les petits gars se sont élancés sur la piste. Enfin, pas tous. L'un d'entre eux, tête baissée et décidé à gagner la course en regardant ses pieds, s'est élancé dans la mauvaise direction. S'il avait été sur la bonne piste, je pense qu'il aurait pu gagner, car je me souviens qu'il avait parcouru une longue distance, mais sans tenir compte de mes cris.

Si nous ne permettons pas au Saint-Esprit de guider notre Église, notre famille ou notre caractère, nous ne participerons jamais à la course que Dieu nous a proposée (2 Tim. 4 :7).

Comment m'entraîne-t-il ?

Cette connexion avec le Saint-Esprit est vitale. Voyons ce qu'il fait dans ce chapitre :

- Il est notre « avocat ». Il plaide non seulement pour nous, mais aussi pour la cause de Jésus-Christ et de son royaume radical (v.7). Youpi !
- Il « prouvera que le monde se trompe sur le péché » (v.8). Je me méfie de toute « vérité » à laquelle les chrétiens adhèrent sans qu'elle provienne de la famille de Jésus ou qu'elle soit clairement définie dans les Écritures. Il existe un modèle selon lequel, en réponse aux normes de notre société, l'Église estime qu'elle doit s'en accommoder et même l'ériger en théologie. Nous « christianisons » les opinions des non-croyants et les revendiquons comme nôtres. Méfiez-vous des racines et des origines de toute « vérité » entendue et de toute idéologie plaçant vos sentiments au-dessus de ceux des commandements divins. Cela ne peut que mal tourner. C'est à nous de nous brancher sur lui, non à lui de se brancher sur nous (chapitre précédent et Rom. 1:25).
- Il prouvera que le monde s'illusionne sur sa « propre justice » (v.8). L'une des expériences les plus libératrices de ma vie fut de réaliser que je n'avais aucun mérite propre. Je n'avais rien à apporter qui puisse me faire bien voir devant Dieu. Je n'étais qu'une pâle version abimée de ce que Dieu avait créé. Cela signifie que la mort et la résurrection de Jésus sont tout pour moi. La nouvelle vie et la nouvelle identité que j'ai maintenant sont irréfutables puisqu'elles ne dépendent pas de moi. Elles reposent totalement sur ses paroles, ses actions et ses promesses à lui. C'est un énorme soulagement de le comprendre.

Nous ne pouvons absolument pas perdre ! La suffisance ou l'autosatisfaction est l'une des grandes impostures de notre société. J'ai fait l'erreur auprès de gens en recherche de Dieu d'essayer d'amortir le choc qu'ils ne pourraient qu'éprouver quand je leur expliquais toute la gravité du péché. Cela s'est terminé par des larmes. Si les gens ne savent pas d'où viennent leur bonté et leur estime de soi, ils ne seront jamais forts dans la foi.

- Il prouvera que le monde a tort au sujet du « jugement » (v.8). Ceci concerne particulièrement le « prince de ce monde » (v.11), nom donné au diable. Toutes les œuvres de l'ennemi qui « volent, tuent et détruisent » (10:10) sont annulées par l'action du Saint-Esprit. Quand la guérison entre dans les foyers brisés, quand il y a de la nourriture pendant la famine, de l'espoir au fond du désespoir, c'est le Saint-Esprit qui agit. C'est le Saint-Esprit qui, par l'intermédiaire de son peuple, apporte le « jugement » sur le règne de terreur de Satan.
- Il nous conduira dans toute la vérité (v.13). Le Saint-Esprit n'a pas seulement supervisé la rédaction de la Bible, mais l'a rendue vivante et puissante pour le peuple de Dieu. Il nous fait comprendre ce qui est bien et ce qui est mal. L'un des dons du Saint-Esprit accordés à l'Église dans 1 Cor. 12 est le discernement des esprits. Ma femme s'en sert. Ce don permet souvent de démasquer rapidement de beaux arguments qui ne sont rien d'autre que des divagations ou, au pire, des pensées inspirées par des démons. Ayez confiance – non seulement en

ce qui concerne les Écritures – qu'il les rendra vivantes, mais aussi qu'il vous présentera votre situation et vos circonstances du moment dans toute la lumière de la vérité. C'est son travail.

- Il glorifiera Jésus (v.14). Voici un bon test pour discerner ce qui vient du Saint-Esprit ou non. Est-ce que cela glorifie Jésus ? C'est son travail, comme Jésus sur terre, il ne fait rien qu'on ne lui ait dit de faire (v.13-15). Avez-vous entendu des gens dire : « L'Esprit m'a dit ceci et cela » ? Eh bien, voici un bon test d'authenticité. Ce qui a été dit ou fait rend-il gloire à Jésus ou non ? Malgré tous nos efforts pour tout compliquer, c'est en fait tout simple.

- Il vous annoncera ce qui doit arriver (v.13). Le don de prophétie, d'interprétation des événements et la prédiction de l'avenir peut sembler très mystique. Beaucoup d'entre nous ont entendu des prophéties prédisant la fin des temps, la seconde venue, l'effondrement du monde, etc. Pendant la pandémie de grippe aviaire, ces prophéties ont atteint des proportions fébriles (sans jeu de mots). Comment savoir ce qui est vrai ? Rappelez-vous quel est le but de l'Esprit Saint. Il n'inspire pas la peur et ne nous incite pas à fuir les réalités quotidiennes. Au contraire, il nous appelle à un combat qui peut nous coûter la vie (v.2, 33). Comme Jésus, nous serons propulsés sous les feux de la rampe en annonçant un Royaume qui balaie la peur et la haine. Si les prophéties que vous entendez ne font pas ce qui précède, elles ne viennent pas du Saint-Esprit. Ignorez-les.

Comment me relier au Saint-Esprit ?

Le Saint-Esprit est le privilège de naissance de chaque enfant de Dieu. Il n'est pas réservé aux personnes très spirituelles ou d'une grande maturité. Actes 2 et 7 montrent qu'il a été accordé dès le moment où les gens ont cru. Actes 10, dans la maison de Corneille, montre que l'Esprit a été donné avant d'avoir suivi les « cours de foi et de repentance ». Les personnes qui l'ont reçu ont vécu des choses extraordinaires et surnaturelles. Jésus a dit à ses disciples « d'attendre » jusqu'à recevoir le don promis par le Père (Actes 1:4). Je sais que la question de savoir si cela nous concerne encore aujourd'hui prête à controverse, mais permettez-moi de vous dire que si vous ressentez un manque de surnaturel dans votre vie, osez le demander ! L'apôtre Paul de l'Église primitive encourageait ses lecteurs à « être remplis de l'Esprit » (Éph. 5:18). Il s'agissait d'un processus continu. Quel que soit votre degré de compréhension, il y a toujours de quoi aller beaucoup plus loin.

Ne cessez pas de demander. Demandez directement à Dieu. Demandez aussi à d'autres personnes en qui vous avez confiance.

Et pour terminer...

Ce chapitre se termine par une double affirmation : « *Dans ce monde, vous aurez des tribulations. Mais, prenez courage ! J'ai vaincu le monde* » (v.33).

Je vais essayer de ne pas être pris au dépourvu par les problèmes (même si je ne les aime pas). Problèmes et difficultés sont une garantie d'authenticité. Il en est de même de la victoire complète par la vie que nous avons en lui.

Jon ne voulait pas s'impliquer dans des flirts. La vie était trop courte. À l'âge de 16 ans, il avait longuement prié pour que Dieu lui montre ce qu'il devait faire au début de sa vie. Il ne voulait pas perdre son temps à courir après les filles.

Un jour, Emily est entrée dans l'entreprise où il travaillait. Il en est resté bouche bée. C'était elle. Craignant de commettre une erreur, il demanda à Dieu un signe clair. Il n'avait pas l'habitude d'agir ainsi, mais c'était trop important pour laisser cela au hasard.

Il se rendait à son travail en passant par la ville et il demanda à Dieu que si elle était celle qui lui était destinée, qu'elle soit la première personne qu'il rencontrerait. Il y avait souvent du monde sur ce chemin, c'était donc une requête osée.

Ce jour-là, il n'y avait personne sur le trajet jusqu'à ce qu'il soit presque arrivé au travail. Au détour d'une rue, Emily est soudain apparue et s'est mise sur son chemin. Elle devait être ailleurs ce matin-là, mais les circonstances avaient changé son programme. Dieu avait parlé.

C'était la femme qu'il lui fallait. Vingt ans et trois enfants plus tard, elle l'est toujours.

... la priorité du diable, c'est de semer la zizanie ...

Jean Chapitre 17

Les clés de la vie.

J'aime beaucoup écouter les gens jouer aux « trois vœux ». Vous savez, ce jeu où l'on pense aux trois meilleures choses qu'on pourrait demander. Je me souviens qu'enfant, j'aurais mangé « tous les bonbons de la confiserie ». En grandissant, j'ai souhaité marquer le but de la victoire lors d'une finale de coupe du monde, puis conduire la Ferrari Dino 246GT. Les années passent et les souhaits changent.

Quels sont vos trois souhaits favoris ? Ici, Jésus donne le sien (en fait, il en a quatre, mais il a le droit d'en faire autant qu'il veut). Ils sont très différents de ceux des humains, mais étant donné qu'il sait ce qu'est vraiment la vie, nous ferions bien de les prendre à cœur et de nous orienter dans la même direction.

Première prière : Te connaître activement et concrètement (v. 1-5)

Sa première demande fut d'être glorifié. C'est une demande étrange de notre point de vue. Même avec une très bonne opinion de nous-mêmes, aucun d'entre nous n'oserait jamais demander cela. Nous entendons un homme politique se réjouir de son succès et dire : « Oh en fait, je dois tout à l'équipe formidable qui m'entoure », même s'il n'en pense pas un mot. Pourtant, Jésus demande d'être glorifié (v.1) de la même gloire que celle qu'il avait antérieurement, lorsqu'il était avec le Père (v.5). Jésus donne ici un indice de la raison pour laquelle il demande d'être glorifié : c'est « pour que ton Fils te glorifie » (v.1). C'était la passion de sa vie.

Ce n'est pas parce qu'il avait un problème d'ego que Jésus voulait qu'on reconnaisse sa grandeur. Non, être glorifié représentait quelque chose de bien plus important.

Je me souviens que mon père m'apprenait à planter des choux. Il me disait : « Maintenant, regarde bien Jimmy, tu vois comment je les place et les plante. Je veux que tu fasses comme moi ». (Je me souviens lui avoir demandé de répéter la démonstration plusieurs fois pour qu'il me reste moins de choux à planter). Il voulait que je reproduise ses actions.

Glorifier quelque chose, c'est en donner une représentation aussi exacte que possible. Ainsi, « glorifier » un grand tableau dans ce contexte, c'est le représenter avec exactitude et décrire pleinement sa beauté et sa composition. Ici, c'est ce que demandait Jésus : incarner la représentation exacte de son Père. Il l'avait déjà fait avant la création du monde (v. 5). Lui et le Père étaient le reflet fidèle de l'un et de l'autre. La perfection et la beauté ultimes exprimées dans la Trinité.

Il était sur le point de traverser « l'heure qui est venue » (v.1), de donner sa vie pour que nous puissions avoir la vie réelle et éternelle. Il voulait être le miroir de Dieu pour le monde. (Col. 1:15; Héb. 1:3). La gloire d'un Dieu éternel, complet, existant par lui-même et qui donne librement sa vie pour des gens comme nous. Incroyable, non ?!

La vie, mais pas comme nous la connaissons...

La vie éternelle. Il est amusant de constater que l'expression « vivre éternellement » apparaît souvent dans les souhaits des gens vieillissants. Nous voyons parfois des dictateurs s'accrocher au pouvoir jusqu'à un âge avancé et souhaiter vivre éternellement. Ici, Jésus offre gratuitement la vie éternelle à ceux que « son Père lui a donnés » (v.6).

Quelle est cette vie éternelle dont parle Jésus ? S'agit-il d'une vie plus longue que celle que nous avons ici ? Pas du tout. Jésus explique qu'il s'agit de « *te connaître, toi, le seul vrai Dieu, et Jésus-Christ, que tu as envoyé* » (v. 3).

Savoir quelque chose aujourd'hui ne veut pas dire grand-chose. « Je sais déjà tout ça », dit l'enfant arrogant, ce qui signifie : « Je n'ai pas besoin qu'on me dise quoi que ce soit, je suis déjà intelligent ». Ce n'est pas ça. « *Savoir* » (le mot grec est un verbe : *ginosko*) est un mot actif, vivant, à utiliser dans le contexte suivant :

« Je me suis cassé les côtes et j'ai très mal quand je tousse ».

« Je *sais* ce que tu veux dire, cela *m'est arrivé* l'an dernier.

Vous éprouvez un attachement actif et vivant à la connaissance de cette expérience parce que vous avez ressenti cette douleur vous aussi.

Jésus dit que notre attachement « actif et vivant » à son Père ***constitue*** la vie éternelle. Son Père qui n'a ni commencement ni fin, qui est la source de tout ce qui est bon dans la vie, celui qui vous a aimés et a envoyé son fils unique pour vous adopter dans sa famille. Le connaître sera ce que vous désirerez le plus ardemment. C'est l'ultime joie que nous aurons toujours, et elle sera éternellement de plus en plus grande (10:10).

J'habite dans l'un des paysages les plus majestueux d'Europe et je vis l'une des expériences les plus exaltantes qui soient mais tout cela n'est que la lueur d'une bougie sous un soleil d'été, comparé à la connaissance de Dieu.

Ne passez pas à côté de ça ! C'était une grande joie pour Jésus (v.6-8) que ses disciples le comprennent et en fassent l'expérience. C'est ce qu'il veut pour nous aussi.

Deuxième prière : Qu'ils soient protégés v.11,12 & 15

C'est une drôle de prière : après tout, qui oserait se disputer avec Dieu ? Beaucoup le font, et au cas où vous vous en formaliseriez, nous l'avons fait aussi. Avant qu'il nous prenne à son bord, nous sommes appelés ses « ennemis » (Rom. 5 :10 ; Col. 1 :21). L'un des plus grands tests de l'authenticité de Jésus c'est la haine irrationnelle qu'il inspire à tant de gens. Quelqu'un, quelque chose, quelque part le déteste.

La vague actuelle de films qui présentent le païen comme le mec « cool » (coupe de cheveux et toute la panoplie), et le chrétien comme un manipulateur retors est un mensonge quand on a l'occasion d'en connaître, mais elle en dit long sur le cœur humain. « *Nous ne laisserons pas cet homme régner sur nous* » (Luc 19 :14) : là encore, un mantra bien dans l'air du temps.

J'ai souvent oublié de formuler cette prière de protection, bien qu'elle reprenne les mots enseignés par Jésus : « *Délivre-nous du malin* » (Matt. 6 :13). Je sais qu'on nous dit d'être « *vigilants et sobres d'esprit* ». Votre ennemi, le diable, rôde comme un lion rugissant, cherchant qui dévorer » (1 Pierre 5:8). Si Jésus pense que nous devrions le faire, c'est évidemment une bonne idée.

La raison en est donnée au verset 11, ainsi que la raison pour laquelle nous prions réellement lorsque nous demandons sa protection, ce qui nous amène au souhait n° 3.

Troisième prière : Un peuple uni d'un seul cœur v. 21

Le verset 11 dit : « *Père saint, protège-les par la puissance de ton nom, le nom que tu m'as donné, afin qu'ils soient un comme nous sommes un* ». L'unité intime du Père et du Fils faisait partie intégrante de la vie de Jésus sur terre. Elle l'est aussi pour nous, sa famille. Il est crucial de noter qu'elle constitue une part importante de notre écoute de Dieu. Nous avons besoin les uns des autres plus que nous ne le pensons, et nous n'obtiendrons jamais l'unité avec Dieu sans unité entre nous. Les deux sont intimement liés (v.21).

L'une des plus grandes preuves qu'une œuvre est du diable n'est pas que des chrétiens soient agressés et laissés pour mort (c'est en fait un motif de réjouissance, mais cela ferait l'objet d'un autre livre !) : c'est la désunion de son peuple.

Le Père et le Fils sont un, parfaits dans l'unité. Il est impossible de trouver où le Père commence et où le Fils s'arrête. De nombreuses personnes s'y sont essayées, mais nous échouons inévitablement car le Père et le Fils sont tout simplement trop proches, ils sont un. Et c'est très bien ainsi, c'est ce qu'il veut pour nous, son peuple (v. 21).

Lorsqu'on réalise que diviser et disperser les brebis de Jésus c'est le but premier du diable, on reste sur ses gardes.

La ville où j'habite a une longue histoire d'église divisée, de chrétiens dispersés partout, se critiquant et se déchirant sans cesse. Merveilleusement, les choses commencent à changer, mais cela prend du temps. Je sais, c'est vrai, nous sommes probablement un groupe des plus bizarres et des plus surprenants. Pourtant, le v. 23 reste valable : « *moi en eux et toi en moi, afin qu'ils soient parfaitement un et qu'ainsi le monde reconnaisse que tu m'as envoyé et que tu les as aimés comme tu m'as aimé* ».

L'unité n'est pas seulement un sentiment dégoulinant de sentimentalité à la Bisousnours, mais un élément essentiel pour que le monde voie et sache « activement et concrètement » que Jésus est bien celui qu'il a dit qu'il était.

Voyez-vous maintenant pourquoi la priorité du diable est de nous diviser ? Cela ternit la clarté de notre message. Le message est ce qu'il déteste le plus et une église divisée le meilleur moyen qu'elle meure de ses divisions.

Quatrième prière : Habille-toi, nous sortons (v.17-19)

« Sanctifier » est l'un des mots que j'aime le moins. Il me rappelle ma mère qui, enfant, « sanctifiait » mes oreilles en enlevant d'une main ferme les saletés accumulées pendant des jours, avec force savon et une serviette rugueuse (elle avait six enfants et ne pouvait pas faire mieux que de les nettoyer tous les deux ou trois jours). Cependant, elle ne le faisait jamais quand je voulais aller jouer dans le jardin, mais lorsque nous allions dans un endroit où « être présentable » était important, par exemple pour rendre visite à quelqu'un ou aller à l'église, entre autres. Je ne me souviens que de la gêne que j'en ressentais. Mais elle me préparait ainsi au voyage que nous allions entreprendre.

Si nous avons besoin d'être nettoyés, ce n'est pas que l'œuvre de Jésus sur la croix était insuffisante ou déficiente d'une quelconque manière (nous y reviendrons dans les deux prochains chapitres). Je n'ai vraiment pas besoin d'être rendu plus « juste », Jésus a tout fait à ma place (v. 2). Pourtant, nous avons toujours besoin d'être sanctifiés. Jésus lui-même a dit qu'il l'avait fait (v. 19), donc le but n'est pas de vous rendre plus juste. Ne laissez pas les religieux vous convaincre du contraire.

La raison pour laquelle Jésus a dit « *je me sanctifie* » (v. 19), c'est qu'il avait un travail à faire et que la discipline choisie pour préparer son voyage vers la croix (totalement inutile sauf par amour) l'a « sanctifié ».

Jésus a dit au v.18 : « *Je les ai envoyés (c'est-à-dire vous et moi) dans le monde* ». Nous avons donc nous aussi une mission : transmettre le message, parler de Jésus (et non pas de l'autre liste de trucs sur lesquels les chrétiens s'acharnent parfois). C'est la seule façon que vous et moi avons de connaître le Christ. Quelqu'un, quelque part, nous l'a dit. Être mis à part pour ce travail signifie que nous devons être « sanctifiés par sa vérité ». En d'autres termes, nous prêchons la « bonne nouvelle de Jésus-Christ » et pas nécessairement celle qui colle avec l'air du temps. Nous sommes mis à part pour être ses messagers, quel que soit l'endroit où il nous a placés.

J'ai visionné un puissant message de Pâques diffusé depuis au Parlement au Royaume-Uni. Il s'agissait simplement de lectures bibliques sur l'histoire de Pâques. Message particulièrement puissant parce qu'il était donné par des personnes de tous bords politiques, unies autour d'une seule personne, Jésus-Christ, et de ce qu'il a fait.

La sanctification nous aide à le mettre en valeur. Une vie d'ivrogne, de commère, d'immoralité sexuelle, de division, etc. déforme notre message. Il ne nous est pas demandé de cesser de fréquenter ces personnes parce qu'elles ne sont pas d'accord avec nous (1 Cor. 5:11), mais parce que leur péché obscurcit Jésus aux yeux des autres. Notre tâche est de le faire briller, où que nous soyons, quoi que nous fassions. Oui, cela peut provoquer des réactions négatives (comme celles des démons à l'égard de Jésus), mais d'autres se mettront alors à suivre Jésus.

Laisse-le te changer par sa vérité pour qu'il brille dans ta vie. Sanctifie-toi : abreuve-toi de ta Bible, parle à Jésus, chante pour lui et réjouis-toi de sa présence, fréquente ceux qui ont la même passion que toi.

Et pour finir ...

Les amis, c'est tout pour aujourd'hui. C'est pour cela que Jésus voulait être glorifié. Voici l'expérience ultime, la beauté ultime, la joie ultime et l'émerveillement parfait. Pourquoi agissons-nous si ce n'est pour rechercher ces choses ? Il a fait en sorte que nous participions pleinement à tout ce qu'il a, pour devenirs ses cohéritiers (v. 24).

Que ses quatre prières deviennent aussi les vôtres !

Jean-Michel en avait assez de se disputer avec sa femme. Une récente attaque cérébrale l'avait rendu instable et il s'emportait rapidement. Il savait que c'était mal et demanda à Dieu de l'aider.

Il n'a pas reçu une réponse extraordinaire, mais il apprit à demander à Dieu ce qu'il devait faire chaque fois qu'il était sur le point de s'emporter. Ses progrès n'ont pas été immédiats, mais ils se sont faits petit à petit. Dieu lui a donné de nombreuses réponses et lui a montré comment aimer sa femme et apporter la paix dans son foyer. Les accidents vasculaires cérébraux ne sont pas trop compliqués pour Dieu.

Plutôt que s'effondrer comme l'ont fait nombre de patients victimes d'un accident vasculaire cérébral, son mariage est aujourd'hui beau et solide. Il passe encore par des moments pénibles, mais il sait où obtenir de l'aide.

Si vous désirez être utile à Dieu, ne vous laissez pas surprendre quand tout va mal.

Jean Chapitre 18

Quand tout va mal.

Les chapitres suivants s'enchaînent et je vais donc me concentrer dans ce chapitre sur la situation dans laquelle s'est retrouvé Pierre. Comme nous le verrons, écouter Jésus ne signifie pas nécessairement prêter attention à ce qu'il dit, mais surtout d'écouter et surtout ce qu'on n'a pas envie d'entendre ! C'est particulièrement vrai s'il s'agit de ce qu'on n'a pas envie d'entendre.

Pierre était devenu un leader parmi les disciples de Jésus. Il avait été l'un des trois proches emmenés dans certains lieux à des moments particuliers, il avait eu la révélation profonde que Jésus était vraiment le Messie, et que ce Messie était le Fils de Dieu (Matt. 16:16). Qu'il soit le frère aîné et qu'il dirige l'entreprise familiale de pêche semble évident dans le texte. Il est perçu comme un homme qui prend les choses en main. Le fait qu'il ait toujours une épée à son côté après avoir passé trois ans sur la route avec Jésus témoigne que, tout en gardant la foi, il estimait que son travail consistait toujours à le protéger. À un moment donné, à la fin, Jésus leur a dit de prendre une épée (Luc 22:35-38) et il est amusant de constater qu'ils en avaient déjà deux. Je suis sûr que Pierre en avait une.

Comment a-t-il réagi quand Jésus a prédit ses reniements ? (13:36-38). Probablement comme moi, lorsque quelqu'un m'a dit, à l'âge de douze ans : « James, ne démonte pas ce vélo, tu ne sauras jamais le remonter ». Je ne les ai pas crus. J'étais sûr que ce serait un jeu d'enfant. Il s'est avéré qu'ils avaient raison, et le vélo est resté sous forme de 162 pièces séparées les unes des autres jusqu'à ce que le tout soit mis à la décharge, sans cérémonie.

Je pourrais citer bien d'autres paroles de ce genre, et vous aussi sans doute. Pierre était le bravache classique : « Même si tous tombent, moi je ne tomberai jamais ! » (Matt. 26:33). Et je suis sûr que les autres disciples savaient qu'ils pouvaient compter sur lui.

Pourquoi fallait-il qu'il subisse cela ?

Jésus a mis en lumière un aspect du caractère de Pierre qui le poussait immanquablement à vouloir le protéger : « Je donnerai ma vie pour toi », c'est ce qu'il ressentait sincèrement. Mais cet acte même de loyauté passionnée envers Jésus aurait empêché que le Christ soit utile. Même chose pour Pierre, en fait.

Avez-vous vraiment entendu ce que je viens de dire ? Je répète : l'acte même de loyauté passionnée de Pierre à l'égard de Jésus aurait empêché le Christ d'être d'une quelconque utilité pour Dieu. Wow ! Je pensais que, pour être dignes de notre mission, nous devions ressembler à Pierre !

Ce n'est pas que Pierre n'était pas sincère : après tout, il a coupé l'oreille du soldat (v.10) en essayant de défendre Jésus. (Soit il faisait preuve d'une grande maîtrise de l'épée, soit, ce qui est plus probable de la part d'un pêcheur pécheur, il s'agissait simplement d'un coup malencontreux). Heureusement, Jésus a réglé la situation, comme il le fait toujours, voir Luc 22:51).

Bien que Jésus ait été confronté à ses ennemis et menacé par eux à de nombreuses reprises auparavant, c'est la première fois qu'il est physiquement lié et emmené. Ce n'est pas que les soldats, les prêtres et les pharisiens se soient emparés de lui de force. Simplement, Jésus a dit : « Ne boirai-je pas la coupe que mon Père m'a présentée ? » (v.11). C'était maintenant son heure. Pierre ne comprend toujours pas ce qui se passe, lui qui avait promis d'accompagner Jésus jusqu'à la mort. Pour lui, rien n'allait comme prévu !

Je suppose qu'il était profondément troublé par ce qui se passait. Devait-il le suivre et essayer de donner sa vie pour son Messie ? Ou simplement voir si Jésus s'en sortirait vivant, comme toujours ?

Quelles que soient ses pensées, Dieu préparait Pierre à diriger la première charge de l'Église.

Les reniements

Au dire de tous, le reniement n'était pas un petit reniement. Il ne s'agissait pas d'une excuse marmonnée, du genre « je ne sais pas de quoi tu parles ». Il a ajouté qu'il n'avait jamais connu Jésus, jurant comme seul un pêcheur sait le faire, avec des serments et des malédictions qui nous feraient probablement frémir d'horreur.

Pourtant, ce n'est pas comme si Jésus n'était pas dans le pétrin. Son Seigneur, son ami (v.15), son messie personnel attendu depuis des siècles allait être mis à mort et tout ce que Pierre pouvait faire, c'était jurer aveuglément qu'il ne représentait rien pour lui.

Il était resté debout toute la nuit, épuisé et transi de froid (Matt. 26:40-44). Le coq a chanté. Maintenant, il était brisé.

Quel gâchis mémorable ! S'il faisait partie de la direction de l'église d'aujourd'hui, il serait sans aucun doute mis au placard paisible où sont remisés les dirigeants d'église faillis, et dont on n'entend plus jamais parler. Ici, Jésus le prépare à transmettre son nouveau message sur le royaume.

Mais pourquoi a-t-il fallu cela ?

À l'âge de 30 ans, ma femme, ma famille et moi-même sommes partis vivre en Inde. Un ensemble de prophéties et de circonstances, ainsi que les conseils des plus sages, nous avaient montré que c'était la bonne voie. Nous avons tout vendu au Royaume-Uni et sommes partis « accomplir les desseins de Dieu ».

Nous y sommes restés un peu plus d'un an. Un vrai cauchemar !

Qu'il s'agisse de notre travail au sein de l'Église, de notre entreprise ou de la santé de ma femme, tout ce qui pouvait vaciller s'est effondré. Au bout d'un an, nous sommes rentrés en Grande-Bretagne, brisés. Les médecins avaient déconseillé à ma femme de voyager pendant au moins six mois en raison de sa mauvaise santé. Nous avions créé une entreprise en Inde pour soutenir notre mission et nous étions maintenant bloqués, sans le sou, désorientés et désemparés. Nous avions trois jeunes enfants, pas de maison et pas de travail. Je me suis mis à crier « Pourquoi cela nous arrive-t-il donc, Seigneur ? »

Le Saint-Esprit m'a chuchoté : « James, maintenant tu es prêt ». Nous avons travaillé dans une église où j'étais pasteur et ma femme évangéliste. Cela s'est avéré être la phase la plus fructueuse de tout notre ministère.

Dieu doit parfois nous dépouiller de nos propres capacités avant que nous puissions accomplir le travail qu'il a prévu pour nous. Il doit nous apprendre à l'écouter et à travailler avec lui et non par nos propres moyens. Un verset est devenu très pertinent pour nous deux, le Psaume 147 :

Son plaisir n'est pas dans la force du cheval,

ni dans les jambes du guerrier ;

L'Éternel prend plaisir à ceux qui le craignent,

et qui mettent leur espoir dans son amour indéfectible.

Nous verrons la restauration de Pierre au chapitre 21, mais j'aime voir que le livre de Jean ne couvre pas seulement la prédiction, les reniements réels, mais aussi la façon dont Jésus le restaure.

Si vous voulez être utile à Dieu, ne vous étonnez pas trop quand tout va mal, y compris quand vous faites de grosses bêtises.

Dieu n'a pas besoin de vos capacités, il vous veut, vous.

Enfin...

Rien ne laisse supposer ici que Jésus ne maîtrisait pas les événements. Il guérit l'oreille coupée (Marc 14:47), il s'assura que tous ses disciples soient en sécurité (v. 9) et il répondit à ses accusateurs aussi longuement ou aussi peu qu'il en avait décidé. Il but la coupe de son Père et non celle de quelqu'un d'autre (v.11).

Vous êtes des disciples de Jésus : croyez donc que votre vie n'est jamais hors de son contrôle. Même lorsque tout s'écroule autour de vous, le dessein souverain de Jésus ne prend pas une ride : il veille à ce que vous arriviez là où vous devez être, en faisant ce pour quoi il vous a créés. Restez en paix et gardez les yeux fixés sur lui.

Si les choses vont mal, cela ne signifie pas que vous n'avez pas écouté. Au contraire. Cela peut simplement signifier que vous n'avez pas compris. Même si vous traversez le moment de la « croix » et qu'il se tait, Jésus est toujours aux commandes et sait exactement ce qu'il fait

Pierre n'a pas écouté l'avertissement. Peut-être n'a-t-il pas pu le faire avant d'avoir traversé cette terrible nuit !?

Nos nuits sombres sont souvent ses voies les plus rapides.

Bernard participait à une conférence de pasteurs. Un homme lui a prophétisé qu'il ne construirait jamais une grande église, mais qu'il serait utilisé pour construire des milliers de petites églises. À l'époque, la question de savoir comment faire grandir son église était très importante, et ce n'était donc pas la chose la plus facile à entendre.

Depuis lors, cependant, le travail que Dieu lui a donné de faire en décomposant les bases de notre foi en petits morceaux accessibles a permis à d'innombrables personnes de créer des équipes, des églises, des entreprises et des projets dans tous les domaines. Depuis les gouvernements jusqu'aux plus petites églises de maison, les fondations sont construites sur des principes qui durent pour l'éternité.

C'est ce qu'il aurait voulu, lui qui est encore largement inconnu. Il a simplement écouté et obéi. Et il continue à ce jour.

La religion s'insinue chaque fois qu'on remplace, par une liste de règles, l'immédiateté de notre relation à Jésus.

Jean Chapitre 18b and 19a

Une claque à Dieu en pleine poire.

Les deux chapitres suivants traitent du procès, de la crucifixion et de l'ensevelissement de Jésus. Des volumes entiers ont été écrits sur ce sujet immense et central de notre foi, et le traiter en quelques pages me semble désinvolte et indigne de l'ampleur des événements. Cependant, je vais souligner quelques points qui, je l'espère, seront utiles aux disciples de Jésus que nous sommes. Il existe de nombreux livres excellents qui couvrent ces jours-là plus en détail, et nous aurons l'éternité pour nous familiariser avec ce moment étonnant de l'histoire.

Les différents acteurs de cette pièce (je n'ai pas dit « cette tragédie ») agirent conformément à leur nature. Jésus est fidèle à la vérité et surtout à la volonté de son Père. Les chefs juifs agissent avec leur religiosité bizarre et dévoyée, comme Jésus le leur a si bien dit : « *Vous filtrez vos boissons pour éliminer le moucheron, mais vous avalez le chameau* » (Matt. 23:24). Il l'a aussi dit à Pilate et aux Romains qui représentent le reste de la tradition de la puissance, de la peur et de la rationalité présentes partout ailleurs dans le monde.

Les chefs religieux et les Romains *giflent* Jésus (18 v.22 ; 19 v.2).

Dans la culture juive, gifler était une insulte. Pour un Romain, gifler un Juif visait également à l'humilier. La gifle était généralement donnée par un supérieur à un inférieur (maître/esclave, etc.). À cette époque, gifler un égal revenait à enfreindre la loi et encourir une amende.

Ici, ceux qui représentent tous les aspects de l'humanité, y compris vous et moi, giflent Dieu en lui disant : « Nous te méprisons et t'insultons ; tu ne régneras jamais sur nous ». Nous nous moquons de ce qu'il est et nous rions, pensant qu'il est enfin sous notre coupe.

Ils se trompaient lourdement.

Les chefs religieux

Depuis l'arrestation jusqu'au premier procès (18:19 – 24 :28), les chefs religieux prétendaient honorer Dieu, organiser un procès public et faire ce qui est juste. En réalité, l'arrestation s'est faite en secret et le procès s'est déroulé à huis clos, en pleine nuit. La vérité, c'est qu'ils avaient peur. Jésus avait foulé aux pieds leur monde religieux. La folie va crescendo au verset 28 : pour pouvoir célébrer la Pâque, ils ne veulent pas se souiller en entrant dans la maison des Romains.

Le symbole même de leur délivrance, lors de la Pâque, était un agneau immolé dont le sang était badigeonné sur les montants de leur porte. Or, voilà qu'ils livraient à la mort le véritable agneau pascal de Dieu, leur messie promis. (Lisez Exode 12:1-14 pour en savoir plus sur cette histoire, elle est passionnante).

La religion sous toutes ses formes s'oppose à la véritable œuvre de Dieu. C'est une tentative de contrefaçon bon marché et nocive, qui déforme complètement qui est

Dieu et ce qu'il fait. Rappelez-vous ceci : la religiosité prend ses aises dans n'importe quel type d'église : moderne, traditionnelle, petite ou grande. Elle passe complètement à côté de l'essentiel et, pire encore, elle tente de tuer Jésus.

La religion s'insinue partout, chaque fois que nous remplaçons l'immédiateté de notre relation avec Jésus par un ensemble de règles : le code vestimentaire, le ton de voix lorsqu'on prie, comment nous passons notre temps, etc. Je me souviens de l'époque où notre église a commencé à danser, dans les années 1980. Nous avions développé ce qu'on appelle le « hip-hop charismatique ». C'était un type de danse étrange, mais qui nous convenait à nous, Britanniques, qui n'avions jamais osé ce genre d'exhibition. Un nouveau converti est venu à une réunion et a été ravi de voir que nous étions autorisés à danser à l'église ; il a commencé à danser comme il le faisait en boîte de nuit. Les esprits religieux qui étaient lentement en train de se scléroser dans l'assemblée ont volé en éclats ! C'était formidable.

Ils sont comme les mauvaises herbes dans un jardin, il faut continuer à les pourchasser. Ils étouffent la vraie voix de Jésus.

Les dirigeants romains

Les dirigeants, qui représentent le reste des non-religieux, sont différents. Ils ont ce mélange habituel d'irritation face aux problèmes religieux (18 :31), puis ils essaient d'être raisonnables (18 :38 ; 19 :6) pour ensuite passer aux solutions de compromis (18 :39) et finir par succomber finalement à la crainte de l'homme, plus forte que la crainte de Dieu (19 :5-16).

Les trois derniers points sont si typiques de la manière dont le monde essaie de résoudre ses problèmes. Vous pouvez choisir n'importe quel événement et généralement ils sont là. Je sais que je m'en suis rendu coupable à maintes reprises, et je suis sûr que vous aussi.

En fin de compte, nous savons parfaitement ce qui est juste, mais sommes trop effrayés par les conséquences pour aller jusqu'au bout. Nous nous retrouvons dans cet horrible monde de compromis où nous finissons par gifler le visage de Dieu pour que personne ne gifle le nôtre.

Rares sont ceux qui ne tombent pas dans ce travers ! Cependant, gardons espoir. Une troisième force était à l'œuvre dans ce procès, c'était celle qui dirigeait les événements.

Dieu a toujours le dernier mot

Tout au long du procès de Jésus, il est à chaque instant conscient qu'il ne fait que la volonté de son Père, même si cela lui est pénible. La franchise de son enseignement, par contraste avec leurs actes perpétrés dans l'obscurité (18 :21-22) montre qu'il ne s'agissait pas d'un plan secret exécuté dans la clandestinité. La vérité de Dieu était là, au grand jour, pour que tout le monde l'entende. Son engagement envers la vérité et son royaume (18 : 23, 36) correspondait à ce que son Père lui avait montré (5:19). Il ne s'agissait pas d'une nouvelle idée fantaisiste, mais tous ces événements, jusque dans les moindres détails, avaient été prédits des siècles auparavant (19 :11, 24, 28, 36-37). Il accomplissait le programme défini par son Père.

Vous pourriez dire : alors le reste n'est pas de notre faute !

C'est faux.

Cela n'exonère pas notre péché, Jésus le dit clairement (v. 11), mais cela signifie que notre péché ne peut pas altérer le dessein de Dieu (Rom. 9:19-26 est utile à ce sujet).

Il est essentiel que nous comprenions que c'est Dieu qui gouverne en dernier ressort. C'est pourquoi l'écoute et la marche avec Dieu sont si fondamentales. Si Jésus avait bien argumenté, s'il s'était attiré les faveurs de la foule ou s'il avait appelé douze légions d'anges à son secours (Matt. 26:53), vous et moi n'aurions pu connaître la restauration de notre relation avec Dieu, payée gratuitement lors de la crucifixion.

Cela ne veut pas dire que Jésus était fataliste et qu'il s'est laissé abattre. Il savait qu'il avait été envoyé dans ce but précis (18 :37). Bien d'autres fois, Jésus avait échappé à l'arrestation. Il savait ce qui se passait parce qu'il savait ce qu'il avait à faire. Vous et moi étions déjà gravés sur ses mains (Es. 49:16).

Bien plus que les clous, c'est l'obéissance à son père et son amour pour nous qui le retenaient sur la croix.

Et pour finir...

Refusez d'adopter des modèles religieux qui remplacent l'intimité avec Jésus. Même les pratiques modernes qui diffèrent de la manière dont nos pères et nos grands-pères célébraient le culte sont tout aussi religieuses si Jésus n'occupe pas la place qui lui revient : la première. En revanche, certaines des liturgies les plus traditionnelles prennent vie dans la main de l'Esprit Saint.

Refusez la manière du monde d'être raisonnable, de trouver des compromis et de tomber dans la crainte au détriment de notre merveilleux Jésus. Il a été haï pour ce qu'il était et nous le serons aussi. Habituez-vous à cela et, comme les apôtres dans les Actes, voyez-y même un honneur (Actes 5 :41).

Enfin, soyez profondément, profondément assurés que notre Père est le seul responsable de notre avenir. Les gens ne pourront jamais nous imposer notre chemin de vie, c'est le travail de notre Père et de lui seul.

Un couple avait déménagé à l'étranger pour partager Jésus. Au bout d'un an, ils demandaient à Dieu ce qu'ils pouvaient faire pour être plus efficaces là où ils se trouvaient, car les portes leur semblaient hermétiquement fermées.

Un jour, une femme qui dirigeait une agence dans la ville leur a dit : « Vous avez des amis, moi j'ai des biens immobiliers. Travaillons donc ensemble ». Curieusement, ils ont tout de suite su que c'était Dieu qui parlait.

Ils ont créé une société qui s'est développée et leur a permis d'atteindre tous les quartiers de leur ville. Grâce à cette entreprise, ils ont vu des gens trouver Jésus, se faire baptiser et grandir dans leur foi. Ils ont constaté que cette entreprise était une bénédiction pour la vie de la ville et de ses entreprises.

Dieu avait parlé à travers quelqu'un qui ne le connaissait même pas.

Les desseins de Dieu se réalisaient. C'est toujours le cas.

Jean Chapitre 19b

Le Miracle du Meurtre.

Cette section sera assez courte par rapport aux autres. Les événements me laissent encore sans voix. La souffrance physique à laquelle Jésus fut confronté est éclipsée par sa douleur spirituelle, bien plus aiguë : celle de porter mon péché et d'affronter la colère de son Père. Il avait la certitude que tout se déroulait selon le plan de celui qui appelle toutes choses à l'existence. La vérité c'est que, dans mon état naturel, j'aurais réclamé son sang comme beaucoup d'autres. Il a montré de petites attentions pour s'assurer que sa mère serait bien traitée. Et enfin, il a proclamé cette grande déclaration qui fit trembler la terre : « *Tout est accompli* ». Ces paroles sont puissantes. Trop puissantes.

Il a choisi le moment de sa mort, ce qui est confirmé par le soldat venu lui briser les jambes mais qui l'a trouvé déjà sans vie (v.33-34). C'est bien la preuve que tout cela faisait partie du plan pour nous amener, vous et moi, à vivre avec lui.

Je vous laisse relire le texte, mais je vous invite aussi à prendre le temps d'écouter l'Esprit Saint et à le laisser l'appliquer à votre vie, à votre groupe.

Pilate prit Jésus et le fit flageller. Les soldats tressèrent une couronne d'épines et la lui enfoncèrent sur la tête. Ils le revêtirent d'un manteau de pourpre et s'approchèrent de lui en répétant : « Salut, roi des Juifs ! ». Et ils le frappaient au visage. (19 v. 2-3).

Portant sa propre croix, il sortit de la ville pour aller vers l'endroit appelé « Le Crâne » (qui se dit en hébreu Golgotha, (v.17). C'est là qu'ils le crucifièrent, et avec lui deux autres, un de chaque côté et Jésus au milieu (v.18).

Pilate rédigea aussi un écriteau qu'il plaça sur la croix. Il y était écrit : « JÉSUS DE NAZARETH, ROI DES JUIFS » *(v.19). Beaucoup de Juifs lurent cette inscription parce l'endroit où Jésus fut crucifié était près de la ville. Elle était écrite en hébreu, en grec et en latin (v.20). Les chefs des prêtres des Juifs dirent à Pilate : « N'écris pas : 'Le roi des Juifs', mais plutôt : « Cet homme a dit : je suis le roi des Juifs » (v.21).*

Pilate répondit : « Ce que j'ai écrit, je l'ai écrit » (v.22).

Après avoir crucifié Jésus, les soldats prirent ses vêtements et en firent quatre parts, une pour chaque soldat. Ils prirent aussi sa tunique qui était sans couture, d'une seule pièce depuis le haut jusqu'en bas (v.23).

Ils se dirent entre eux : Ne la déchirons pas mais tirons au sort pour savoir à qui elle sera » (v. 24).

C'est ainsi que s'accomplît cette parole de l'Écriture,

« Ils se sont partagé mes habits et ont tiré au sort mon vêtement ».

Voilà ce que firent les soldats.

Près de la croix de Jésus se tenaient sa mère, la sœur de sa mère, Marie, femme de Clopas, et Marie de Magdala (v.25). Jésus, voyant là sa mère et, près d'elle, le disciple qu'il aimait. Il dit à sa mère : « Femme, voici ton fils » (v.26). Puis il dit au disciple : Voici ta mère (v.27). Dès lors, ce disciple la prit chez lui.

Après cela, Jésus qui savait que tout était déjà accompli dit, afin que l'Écriture se réalise pleinement : « J'ai soif » (v.28). Il y avait là un vase plein de vinaigre ; les soldats en remplirent une éponge, la fixèrent à une branche d'hysope et l'approchèrent de sa bouche (v.29). Quand Jésus eut pris le vinaigre, il dit : « Tout est accompli ». Puis il baissa la tête et rendit l'esprit. (v. 30).

C'était la Préparation de la Pâque et ce sabbat allait être un jour solennel. Craignant que les corps ne restent en croix pendant le sabbat, les Juifs demandèrent à Pilate qu'on brise les jambes aux crucifiés et qu'on enlève les corps (v.31). Les soldats vinrent donc briser les jambes du premier puis du second des condamnés qui avaient été crucifiés avec Jésus (v. 32). Quand ils s'approchèrent de lui, ils virent qu'il était déjà mort. Ils ne lui brisèrent pas les jambes (v.33) mais un des soldats lui transperça le côté avec une lance, et aussitôt il en sortit du sang et de l'eau (v.34). Celui qui a vu ces choses en rend témoignage, et son témoignage est vrai. Il sait qu'il dit la vérité afin que vous croyiez, aussi (v.35). En effet, cela est arrivé afin que ce passage de l'Écritures soit accompli : « Aucun de ses os ne sera brisé » (v.36). Ailleurs, l'Écriture dit encore : « Ils verront celui qu'ils ont transpercé » (v.37).

L'enterrement

Deux chefs religieux qui avaient laissé la peur remplacer leur désir de suivre ouvertement Jésus sortent du bois pour réclamer le corps (v.38-40). N'ayant plus peur d'être associés à Jésus, ils veillent à ce qu'il soit enterré correctement avant le début du sabbat qui approche à grands pas. La quantité de myrrhe et d'aloès apportée est environ le double de la quantité normalement donnée aux notables et quatre fois la quantité normale. En monnaie d'aujourd'hui, cela représenterait plus de 144 125,00 Euros. Ce fut un moment très profond dans leur vie. La peur avait fait place à la dévotion.

Le désespoir des personnes qui pensaient suivre le Messie, le propre Fils de Dieu, a dû être dévastateur. Tout avait mal tourné. Tout était brisé. Tout ce contre quoi Jésus s'était dressé avait prévalu. Je ne pense pas que nous puissions imaginer la situation désespérée dans laquelle se trouvaient ses disciples. Il n'y avait plus de paroles pour les réconforter et les guider ni pour leur expliquer ce qui se passait. Il ne restait qu'un horrible silence, vide et écrasant.

Ils n'avaient aucune idée de ce qui se préparait.

Et pour finir...

Je vous encourage à penser que ce moment d'obscurité totale pour les disciples faisait également partie du plan de Dieu. Ils n'avaient rien fait de mal. Ils n'auraient pas pu prier davantage, croire davantage, s'investir davantage. Rien n'aurait changé le cours de ce moment. C'était simplement le moment choisi par Dieu. Ne perdons pas courage lorsque tout est brisé autour de nous. Dieu est un Dieu de résurrection.

Les ténèbres de la mort et de l'enterrement de Jésus allaient céder la place à quelque chose de si glorieux ! Le plan de Dieu était à l'œuvre. Et il est toujours à l'œuvre aujourd'hui.

Jenny et son mari ont traversé des périodes de tragédie, d'isolement et de ténèbres dans le cadre de leur travail de responsables d'église. Quand elle comprit qu'ils devaient ce qui leur arrivait aux mensonges et ragots de personnes qu'elle aimait le plus et en qui elle avait confiance, Jenny s'est sentie dépourvue, abandonnée, trahie. Déception écrasante et grande solitude étaient un plat amer à avaler.

Depuis son enfance, elle connaîssait la fidélité de Dieu et savait que les questions « pourquoi » et « comment » ne servent pas à grand-chose. Elle se savait aussi une fille de Dieu, elle n'était donc pas une victime, car Dieu n'avait pas cessé de l'aimer ou de travailler, même dans cette situation. Cependant, elle savait aussi que l'ennemi cherchait à lui voler sa joie, à tuer son espoir et à détruire sa confiance en Dieu. Jenny a pris la froide résolution d'entrer en contact avec Jésus, de festoyer avec lui. Elle savait qu'il avait dit qu'il entrerait et festoierait avec elle (Apoc. 3:20) et qu'elle obéirait à sa voix, quel que soit le menu.

Des années plus tard, elle sait que cette période fut une école de formation empreinte de la grâce de Dieu, qui l'a façonnée et préparée à aider d'autres personnes à marcher avec Jésus dans leurs moments les plus sombres (voir son livre Spiritual Feasting - Jenny Sanders).

Cette voix qui nous appelle par notre nom, nous la reconnaissons tout de suite, c'est la sienne.

Jean Chapitre 20

Je connais cette voix.

Lorsque je sors avec ma femme et que nous nous perdons de vue, j'ai appris à la retrouver en restant immobile et en écoutant. Je n'ai pas besoin de mon téléphone pour la localiser, je me contente d'écouter. C'est une personne sympathique et bavarde qui finit toujours par parler à quelqu'un et le ton de sa voix couvre les autres bruits. Un jour, une compagnie d'opéra s'était intéressée à sa voix, mais elle pensait que son incapacité à garder un air en mémoire risquait de poser problème. Elle s'est donc mise à peindre. Quoi qu'il en soit, guidée par sa voix, je la trouve assez rapidement, généralement occupée à se faire un nouvel ami.

Je connais sa voix.

La résurrection

Les événements décrits dans ce chapitre sont si glorieux qu'on a du mal à les saisir. Le désespoir des disciples de Jésus s'est transformé en une joie immense, stupéfiante, inimaginable. Ils ont changé le cours de l'histoire et nous continuons à dire dans le monde entier, chaque jour de Pâques : « Il est ressuscité ».

C'est un élément aussi central de notre foi en la crucifixion. Comme lorsqu'un jury prononce le verdict « non coupable », l'accusé n'apprécie vraiment la vérité que lorsqu'il sort libre de la salle d'audience. Plus encore, il sort du tribunal et découvre que l'homme qui l'a blâmé pour ses crimes lui a également donné un compte en banque bien garni, une maison, une famille et la vie éternelle par-dessus le marché. Plus encore, il sait se faire discret tout en cheminant à vos côtés, et il est libre, lui aussi. On ne peut jouir des fruits de la mort de Jésus que si l'on entre dans la vie nouvelle que sa résurrection procure.

La résurrection est la justification de tout ce qu'il a dit et promis. La mort n'a pas pu retenir l'agneau parfait de Dieu : c'est donc que tout est vrai. De nombreux évangélistes ont fondé tout leur message sur cette conviction : si l'on peut réfuter la résurrection, notre foi est vaine.

Notre vie est désormais liée à lui, et c'est par lui que nous sommes justifiés, comme si nous n'avions jamais été coupables. Nous jouissons de tout ce qu'il a promis et dont il a parlé dans les chapitres précédents. Il s'avère qu'il avait raison. La mort est vaincue, il est vivant pour toujours, et nous avec lui (là, c'est le moment de faire une pause pour danser dans votre salon en riant, si vous le souhaitez).

Je voudrais examiner deux réactions à la nouvelle de la résurrection et l'importance accordée au fait de croire en lui pour connaître sa voix. Marie-Madeleine et Thomas : ni l'un ni l'autre ne savait que Jésus était ressuscité – et comment l'auraient-ils su ? Ces choses-là n'arrivent jamais, n'est-ce pas ?

Pour l'un, comme pour ma femme, cette voix a suffi. Quant à l'autre, il lui fallait plus de preuves.

Marie-Madeleine : « Je connais cette voix ».

Elle était la disciple de Jésus qui avait été libérée d'une horrible vie de péché infestée de démons. Elle devait tout à Jésus et l'aimait de tout son cœur. Nous ne savons pas vraiment s'il s'agit de la « femme pécheresse » mentionnée dans Luc 7:36-50 ou dans Jean chapitre 12. Ce que nous savons, c'est qu'elle fut la première arrivée au tombeau le dimanche matin, qu'elle était prête à appliquer des aromates sur le corps de Jésus plutôt que se complaire dans son propre chagrin (v.1) et qu'elle fut la première à annoncer la nouvelle aux autres disciples (v.2, 18).

Pourquoi fut-t-elle la première à le voir ?

Il lui avait été beaucoup pardonné. Pour elle, Jésus n'était pas seulement une belle pensée, une façon positive de voir la vie, mais une expérience personnelle profonde, de pardon et de délivrance. Pour elle, c'était aussi réel que possible. Quand on vous pardonne beaucoup, vous aimez beaucoup (Luc 7 :47).

Lorsque les autres disciples s'en vont après avoir vu le tombeau vide, elle reste, et pleure (v.10 et 11). Cela fait vraiment mal. Non seulement Jésus était mort, mais ils avaient aussi pris son corps. Cela lui fait très mal. Cela comptait plus que tout pour elle, son monde entier était brisé.

Dans sa détresse, elle ne semble pas avoir été impressionnée par les anges, mais lorsqu'elle se tourne vers celui qu'elle suppose être le jardinier (v.15), il lui suffit de l'entendre prononcer son nom pour savoir immédiatement qu'il s'agit de Jésus (v.16). Il est le seul à avoir prononcé son nom de cette manière. Il était le seul à l'avoir prononcé au fil des ans d'une manière qui avait fait bondir et fondre son cœur tout à la fois. Elle croyait en lui de tout son cœur, de toute son âme, de tout son esprit et de toute sa force et l'entendre prononcer son nom avait suffi. Elle connaissait cette voix.

Cette voix était celle du pardon, de la purification, de l'espoir et, ô combien, de l'amour.

La foi en *son* Jésus avait créé le lit d'amour qui était prêt à recevoir sa voix.

Thomas ! Sérieusement ?

Pauvre homme ! Que faisait-il lorsque les disciples assistèrent ensemble à la première apparition de Jésus ? Qu'est-ce qui l'a distrait ? Cela en valait-il la peine ? Combien d'entre nous sont passés à côté de Jésus pour cause de distraction ! Quelle qu'en soit la raison, cela lui a valu l'étiquette douteuse de « Thomas l'incrédule » qu'on utilise encore pour désigner les sceptiques, les incroyants. Aurait-il aimé cela ? Je soupçonne que non.

Thomas était-il encore contaminé par la vision du monde : « soyons raisonnables » ? Même s'il a fait partie du groupe qui a été témoin d'un enseignement extraordinaire, de miracles, de guérisons et de chasse aux démons (auxquels il a lui-même participé Luc 10), il ne pouvait tout simplement pas croire que ce que tous les autres disaient était vrai.

Sa déclaration « *si je ne vois pas... je ne croirai pas* » fait froid dans le dos. Il avait besoin de preuves (v. 25). Ne vous méprenez pas, Jésus s'était déjà déclaré au groupe en leur montrant ses mains et son côté (v.20). Ils ont vu et cru, mais Thomas voulait toucher pour avoir une preuve. S'il est réprimandé, c'est parce que sa foi ne repose que sur des preuves, et non sur le témoignage d'autres personnes ou même de Jésus.

Nous sommes tous passés par là, n'est-ce pas ? Nous avons tous entendu des histoires incroyables pour découvrir ensuite qu'elles n'étaient qu'à moitié vraies. Nous avons besoin de plus de conviction que d'écouter un groupe d'excités parler d'un moment miraculeux. Est-ce que, comme Thomas, nous retournons dans notre petit monde de scepticisme ? Si c'est le cas, il ne suffira pas que Jésus prononce votre nom.

Il ne dit pas « croyez tout ce que vous entendez », mais il dit « *croyez en moi* » (3:16).

Dans sa bonté, Jésus s'adresse à Thomas en disant : « Je sais ce que tu as dit et tu as ma permission de me toucher ». Cela suffit au pauvre Thomas qui tomba à genoux en déclarant : « Jésus, mon Seigneur et mon Dieu » (v.28).

Où en es-tu ?

Le but de ce chapitre et de ce livre est de vous faire passer fermement dans le camp de Marie-Madeleine. Connaître sa voix tellement bien que lorsqu'il nous appelle par notre nom, nous le reconnaissions. Immédiatement. Nous n'avons pas besoin de preuves, nous savons, tout simplement.

Comment y parvenir ?

Crois seulement.

Croire qu'***il*** est totalement à la barre, que rien n'est trop difficile pour lui. Nous savons que c'est ***lui*** seul qui détermine notre avenir, celui de notre groupe, de notre ville, de notre pays et de notre monde. Il ne dépend d'aucun gouvernement, d'aucune armée, d'aucune personne ni d'aucun démon. ***Lui*** seul est Seigneur. Nous le *savons.*

Nous savons que la seule raison pour laquelle nous pouvons nous tenir devant Dieu, c'est ***son*** incroyable pardon et l'amour qu'il a librement déversés sur nous. Nous savons que ***ses*** plans sont de les répandre dans le monde entier. Nous savons qu'aucune difficulté, ni même le cœur le plus endurci, aucune opposition ne peut ou ne pourra jamais l'empêcher d'accomplir ***ses*** desseins.

On le sait parce que tout cela est vrai, et surtout, c'est du vécu, on en a fait l'expérience.

Désormais, on est prêt à entendre notre nom quand il parle. Et prêts à faire ce qu'il dit.

Dieu dit que ce que vous construisez ici ne ressemblera à rien d'autre que ce que vous puissiez imaginer. Pour Bernhard, entendre la voix de Dieu était déroutante. Il faisait confiance à la personne qui l'avait dit, mais cela signifie-t-il que chaque fois qu'il pensait à la manière d'aider à mettre en place une communauté locale de croyants, il se trompait ?

Au fil du temps, un groupe s'est développé dans la ville natale de Bernhard. La plus bizarre expression de la famille de Dieu : vingt personnes issues de cinq nations différentes et, en raison de la situation géographique de ce groupe dans une zone touristique, il était rare qu'elles puissent se rencontrer à la même heure chaque semaine. C'était un groupe multinational, multigénérationnel, en perpétuel mouvement, qu'il appelait son foyer. C'était devenu une famille. La famille de Dieu.

Il est en train de devenir un phare pour de nombreux autres groupes dans des circonstances similaires. Il a écouté, il a fait confiance, il a obéi.

Il (Pierre) avait écouté et répondu positivement. L'histoire montre qu'il obéit. Sans discuter, tout simplement.

Jean Chapitre 21

Conversations autour du BBQ.

J'avais neuf ans et je me souviens de l'une de nos vacances familiales préférées. Nous avions loué un petit bateau à moteur pour naviguer sur le fleuve local. Il s'agissait d'un fleuve à marée, il fallait donc remonter le courant à marée haute et le redescendre à marée basse. Le timing était essentiel. On peut remplir son temps efficacement et à un bon rythme si l'on sait profiter des marées.

Nous étions sept dans le petit bateau, ma mère et mes cinq frères et sœurs. J'étais le quatrième du groupe, donc ni le premier ni le dernier. Sur le chemin du retour, j'ai eu le droit de m'essayer à la barre. Nous étions partis un peu en retard, mais avions juste le temps d'être de retour avant la marée montante. Ma mère nous avait offert un paquet de pop-corn. J'avais l'impression d'être un roi, responsable du bateau, pop-corn sur les genoux, sous un soleil radieux.

Mais catastrophe ! Le pop-corn m'est tombé entre les jambes. J'ai baissé les yeux et, tout en essayant de me précipiter pour sauver le trésor doré qui disparaissait à travers les lattes du fond, j'ai réussi à nous précipiter à toute vitesse dans un haut fond mou et boueux. Après trente minutes de tentatives désespérées pour nous dégager, mon frère aîné (14 ans), qui glissait et dérapait dans la boue, a réussi à nous pousser vers l'eau. Il a planté par mégarde l'aviron, qu'il portait sous le bras, en plein dans l'œil de ma mère. L'énorme cocard sur son œil tuméfié vira rapidement au noir pendant plusieurs jours, ce qui est de mauvais augure. Mon plus jeune frère (quatre ans) a craqué et a dû être ramené à la maison par le sentier de promenade le long de la rive. Il ne voulait, à juste titre, plus rien avoir à faire avec ce maudit bateau. La marée a commencé à tourner et la journée ensoleillée a cédé la place à la mère de tous les orages. Nous étions trempés jusqu'aux os. Nous nous sommes finalement engouffrés dans la minuscule Mini Clubman de ma mère, furieuse d'avoir à payer le temps de location supplémentaire.

J'étais tombé en disgrâce. Je n'étais plus le roi. J'ai fait profil bas pendant un bon moment.

Pierre voulait lui aussi se cacher

Oh, comme Pierre a dû se sentir mal ! Un homme brisé, désireux de faire quelque chose plutôt que se contenter d'attendre. Lui le frère aîné (parce que c'est ce que fait un frère aîné) s'est probablement senti responsable des autres disciples. Peut-être pensait-il encore que tout était de sa faute. Si seulement il avait été loyal, si seulement il avait fait évader Jésus. Mais depuis qu'il avait juré, maudit et prétendu qu'il ne l'avait jamais connu, le grand protecteur de Jésus était devenu un lâche.

Il fallait qu'il fasse *quelque chose*.

Il doit s'assurer que ses amis ont un revenu, quelque chose à manger (v.2-3), et il sait comment.

Sa réputation de leader parmi les disciples étant en lambeaux, il se tourne vers son autre domaine d'expertise, la pêche. Cela, au moins, il sait le faire.

Je suis sûr que la peur et la culpabilité des événements qui ont précédé la croix doivent le ronger. L'excitation de la résurrection n'a pas été aussi forte pour lui que pour les autres. Les serments et les malédictions qui l'obsédaient ont dû être une véritable torture.

J'ai connu ce sentiment, et pas seulement lors de l'épisode du bateau. Je pense que, si nous sommes honnêtes, il en est ainsi de chacun d'entre nous à l'heure du bilan de notre vie avec Jésus.

La nuit fut longue et vide sur le lac (v.3). Il était bredouille.

Pas une seule sardine.

Que dalle.

Barbecue sur la plage

L'insulte s'ajoute à la blessure narcissique : quelqu'un les appelle pour demander combien de poissons il a pris. C'est normal pour les marchands du coin de savoir combien de poissons sont à vendre, mais quelle honte de dire « pas un » (v.5). Ce qui n'est pas normal, c'est que tout à coup surgit un inconnu qui a le culot de vouloir leur apprendre leur métier pour faire une « dernière tentative ».

Lorsque les filets commencent à se remplir de poissons, l'autre disciple (l'auteur de cet évangile) dit à Pierre : « C'est le Seigneur » (v.7). Les souvenirs de la première fois que Jésus l'avait appelé ont dû remonter à la surface (Luc 5 :4-11) et Pierre ne tarde pas à sauter à l'eau et à nager jusqu'à la terre ferme (v.8). Il n'allait pas attendre que les marins rament et se démènent. Il était prêt à tout pour voir celui qu'il avait tant déçu. On ne nous dit pas ce qui s'est dit quand il est arrivé avant les autres. Peut-être qu'il ne se sont rien dit, mais un barbecue est allumé et le poisson est déjà en train de cuire (v.10-13).

Ils ont travaillé toute la nuit et doivent être affamés. Peut-être ont-ils aussi besoin d'une petite piqure de rappel : « Je suis toujours celui qui pourvoit à vos besoins, vous n'avez vraiment pas à vous inquiéter ».

Jésus connaît nos cœurs. Il sait quand on est désemparés par la vie. Il n'est pas pressé et heureux de s'assurer qu'on a bien mangé avant de s'attaquer aux monstres sous notre lit. Nous savons de quoi il s'agit, d'autres aussi peut-être, mais, et c'est plus important, lui aussi le sait.

La promenade

Nous savons qu'ils faisaient une promenade à pied parce que le verset 20 dit que l'auteur les « suivait ». Il a probablement entendu leur échange, puisqu'il a pu nous le rapporter. La suite est tout simplement remarquable. La manière dont Jésus restaure est tellement différente de celle du monde dans lequel nous vivons.

La restauration de Pierre a lieu alors que Jésus lui pose une question étrange. « *Pierre, est-ce que tu m'aimes ?* » (v.15-17). Cette question revient trois fois. La première fois, c'est dans le contexte du métier de Pierre, la pêche : « Pierre, m'aimes-tu plus que ceux-ci ? » (v.15). M'aimes-tu plus que les miracles que je fais dans ton monde ? Les deux autres occasions font comprendre à Pierre qu'il ne s'agit pas de « faire ce qu'il faut » mais d'amour. C'est l'amour qui vous *pousse* à faire ce qu'il faut. L'amour vous fait faire *sa* volonté.

Jésus a dit à Pierre de prendre soin de ses agneaux (les nouveaux croyants) et de ses brebis (les croyants mûrs) : de tous ceux qui le suivaient. Il a également indiqué quel genre de mort Pierre allait subir « afin de glorifier Dieu » (en se rappelant que nos souffrances glorifient Dieu autant que nos réussites). Il le pousse en avant, pas en arrière. Il n'est pas question des reniements, jurons et terribles malédictions qu'il a proférées : ce n'est que de l'amour.

Le bateau (non, pas celui dont on a parlé avant).

Si je m'étais concentré sur la tâche à accomplir au lieu de me lamenter sur ce qui était tombé par terre (mon précieux pop-corn), ma famille serait arrivée à la maison à l'heure, au chaud, au sec et heureuse. En quittant ma tâche des yeux, nous sommes arrivés en retard, meurtris, trempés et très malheureux. Le vrai problème n'était pas la chute du pop-corn, ce qui arrive aux meilleurs d'entre nous, mais de lâcher la barre, de perdre le cap.

Lorsque vous vous trompez, méfiez-vous de la démarche qui consiste simplement à essayer de rectifier le tir. En général, ce qui s'ensuit est encore pire. Jésus demande : « M'aimes-tu ? » Cette question va plus loin que le simple fait de s'excuser. M'aimes-tu plus que ton travail, que ta famille, que ta réputation ? Et ainsi de suite. Elle se termine par « Suis-moi » (v.19). La restauration ne consiste pas à s'excuser, mais à « suivre Jésus ».

Ne supposons pas que nous savons comment Dieu va « régler » nos insuffisances. Laissons-le prendre les devants.

Écoutons-le.

Et vous ?

Avez-vous cafouillé ? Vous complaisez-vous dans la délectation morose ?

Bien sûr, c'est vrai, nous sommes tous des misérables, mais gardez les yeux sur Jésus et NON sur votre échec. Laissez-le vous restaurer. La culpabilité est inutile. Le repentir consiste à agir différemment, pas à s'apitoyer sur son sort.

La question qui se pose, à nous et à ceux qui nous entourent, n'est pas de savoir comment nous avons pu nous tromper, mais de savoir si nous allons le suivre désormais.

Nous nous posons tous la même question. Jésus n'a pas voulu donner à Pierre le plaisir de savoir le destin d'une autre personne (v. 22). C'était l'heure de Pierre, et la sienne seule.

Et pour finir...

Ce moment est survenu non pas suite à un culte, un jeûne ou une prière, aussi louables soient-ils, mais après à une nuit de pêche infructueuse. Froid, tristesse et filets vides. Comme nous l'avons vu, nos pires moments sont pour lui de précieuses occasions. Lorsqu'on a fait de son mieux et échoué lamentablement, il vient et nous montre ce qu'il veut. Il parle, on écoute.

Pierre voulait absolument voir Jésus. Il a écouté et répondu, et comme l'histoire le montre, il a obéi. C'était aussi simple que cela.

Pierre est devenu le fondement de l'Église primitive. Ce n'est pas grâce à sa compréhension de l'identité du Messie, mais à sa simple obéissance à ce que Jésus lui a dit de faire.

Suivez-moi. Tout l'épisode (voir chapitre 18) avait été nécessaire pour rendre Pierre prêt à entendre vraiment.

Rose était assise dans le bus qui l'emmenait aux vacances organisées par son église. Elle était timide et avait du mal à participer à la vie de son groupe. Tous les autres semblaient bien plus doués qu'elle pour parler. Ils semblaient entendre Dieu mieux qu'elle.

Pendant le voyage, le Saint-Esprit lui a mis en tête un chant. Ce chant tout simple l'obsédait. Il était lié à ses racines africaines.

Lors d'une réunion le premier matin, elle l'a partagé avec hésitation. Le groupe l'a beaucoup aimé et c'est devenu leur hymne de ces vacances, ce qui a contribué à souder la famille qu'ils étaient en train de former.

Prenez quelqu'un dans vos bras, dites-lui que Jésus l'aime.

Joignez vos mains et louez le Seigneur. (x2)

Sais-tu que Jésus t'aime ? Le sais-tu ? Il se soucie de toi.

Sais-tu que Jésus t'aime ? Il aime tout le monde. (x2)

Conclusion

Si ce livre t'a aidé à comprendre l'importance de l'écoute, il a rempli une partie de son but. S'il t'a aidé à savoir comment écouter, il aura fait encore mieux. S'il t'a permis d'écouter Jésus dans ta vie et celle du groupe, il aura pleinement rempli son rôle.

J'espère qu'à travers ce livre et les histoires qui suivent chaque chapitre, vous découvrirez les nombreuses façons dont Dieu parle : directement, à travers la Bible, la nature, les événements, les autres (chrétiens ou non), les sermons, les films et, oui, les livres. La liste est longue. Dieu ne manque pas de moyens pour communiquer, mais nos oreilles, c'est une autre paire de manches. « *Quiconque a des oreilles, qu'il entende* » (Matt. 11:15) nous est-il demandé à tous.

Nous avons été créés par le Père pour marcher par l'Esprit et, avec Jésus, faire partie de la communauté qui vaincra les portes de l'enfer.

Cela implique que chacun d'entre nous écoute. Soyez comme mon petit-fils avec sa tondeuse en plastique qui me regarde attentivement et qui « fait le travail avec moi ».

Il est vrai que nous « *marchons par la foi et non par la vue* » (2 Cor. 5:7) mais « *la foi vient de ce qu'on entend et ce que l'on entend vient de la parole du Christ* » (Rom. 10:17). Si nous n'écoutons pas, la foi, la conviction et l'obéissance qui en découlent ne viendront pas. L'intimité avec Dieu pour laquelle nous avons été créés n'existera pas. Nous échouerons notre bateau dans ce haut fond mou et boueux.

Il veut nous avoir à ses côtés pendant que nous fauchons les foins avec lui – avec nos tondeuses à gazon en plastique. C'est de cela qu'il s'agit depuis le début.

Nous et lui, ensemble.

À propos de l'auteur

James Hodson vit dans les Alpes françaises. Avec sa femme, Julie, ils ont pendant de nombreuses années dirigé des entreprises, des projets communautaires et ont été impliqués dans la formation et le mentorat de jeunes disciples de Jésus. Leur passion pour la simplicité et la profondeur de notre foi est l'une des caractéristiques remarquables de leur ministère.

À propos de PublishU

PublishU transforme le monde de l'édition..

PublishU a développé une approche nouvelle et unique de la publication de livres, offrant un parcours guidé en trois étapes pour devenir un auteur publié dans le monde entier !

Nous permettons à des centaines de personnes par an d'écrire leur livre en 100 jours, de publier leur livre en 100 jours et de lancer leur livre en 100 jours pour toucher des dizaines de milliers de personnes dans le monde.

Le voyage est transformateur, a déclaré un auteur,

"Je n'aurais jamais pensé que je serais capable d'écrire un livre, et encore moins dans 100 jours... maintenant je me demande ce que je me suis dit d'autre qui ne peut pas être fait et qui peut réellement être fait ?"

Pour en savoir plus visitez

www.PublishU.com

Printed in Great Britain
by Amazon

30485907R00136